(paréntesis)

diez relatos desde una cuarentena

A *la memoria de los que se fueron,*

al coraje de los que se quedaron.

(paréntesis) diez relatos desde una cuarentena

(paréntesis) diez relatos desde una cuarentena

ÍNDICE

(paréntesis) diez relatos desde una cuarentena

(paréntesis) diez relatos desde una cuarentena

Prólogo

La palabra cuarentena, entre sus muchas acepciones, siginifica aislamiento, hecho que, salvo en contadas ocasiones, no es habitual que tenga un carácter voluntario, sino forzado. En marzo de 2020 la totalidad de la población española se vio obligada a realizar una cuarentena sin fecha de finalización definida, produciendo un cambio nunca visto, ni en la sociedad ni en los individuos. La gran mayoría de los ciudadanos se vieron con las alas cortadas, o al menos atadas.

El que mejor, consiguió mantener el trabajo, no tuvo entre sus familiares, amigos o allegados fallecimientos por COVID-19, tuvo una casa con jardín, un perro que pasear o, simplemente, infinidad de libros para leer. El que peor, vio como su trabajo se paralizaba o se perdía, no pudo despedirse de alguien muy cercano, tuvo que compartir unacasa de treinta metros cuadrados a ciento o miles de kilómetros de su familia, tuvo que cerrar su negocio, truncado su proyecto o compaginó en su casa el cuidado de sus hijos y el trabajo, e incluso muchos en familias monoparentales.

Entre medias diez personas: seis mujeres y cuatrohombres; alicantinas, extremeñas, madrileñas, argentinas, manchegos y maños; residentes en Madrid, Ciudad – Real, Ibiza, Palma de Mallorca, San Vicente del Raspeig o los Pirineos; en la veintena, en la treintena o rozando la cuarentena (valga la redundancia); empleados sanitarios, artistas, azafatas, emprendedores y profesionales del turismo; solteros, casados, con hijos o en camino. Diez personas, diez historias.

Esta obra responde a la necesidad de cada uno de los autores, unidos por un nexo, de expresar sus sentimientos ante una nueva situación. Todos y cada uno de los relatos fueron escritos entre el 22 de abril y 06 de mayo del año 2020. Es importante conocer este dato para contextualizar y entender cada una de las historias y sus pensamientos ante ese presente que trastocó durante unos meses toda una sociedad, de manera general, y proyectos y sueños, de manera individual.

Disfrute de la lectura del mismo modo que cada uno de los autores lo hizo con su redacción.

1

LA OTRA CARA DE LA MONEDA

por José Ramón Torres

Me llamo Joserra. Llevo seis años establecido en Madrid, más o menos por el centro. Mi piso está muy cerca del trabajo, así que supongo que merece la pena que sea tan pequeño, mal iluminado y estrecho para dos personas. Tengo una terraza que da a un patio interior pero con muros muy altos, así que el sol nunca incide sobre ella: a ninguna hora ni en ninguna época del año. Trabajo en un hospital también céntrico, como cirujano.

Se puede decir que llevo una vida bastante ordenada. Tengo la suerte de tener a mi lado a *MG*, quesencillamente es maravillosa. En general trabajo mucho y tengo poco tiempo para todo lo demás: algún respiro ocasional, alguna visita a la familia. Como la mayoría de la gente en esta ciudad, voy siempre con prisas. Percibo mis treinta años como una edad especialmente ambivalente: mientras veo gente atascada en los veintitantos (entre los que me incluyo), otros, como dice uno de mis grupos favoritos, «llevan treinta años pareciendo que tienen setenta años». Respecto a mí, creo que hay poco más que pueda interesarte…,ah sí, cuando todo esto termine voy a adoptar un perro. Llevo mucho esperando. En realidad, lo he hecho tanto que creo que lo justo va a ser coger dos, así además se hacen compañía.

Creo que ha llegado el momento de hablarte de la pandemia.

Mi historia respecto al COVID-19 comenzó a principios de febrero. Por aquel entonces el funcionamiento del hospital era el de siempre: muchos pacientes, mucho que hacer y mucho que estudiar. Mientras nos concentrábamos en todo esto, mirábamos de reojo las alarmantes noticias que llegaban desde China. Aquello me recordaba vagamente a cuando visité Cuba el verano del huracán Irmay era porque empezó de la misma manera: con noticias y gráficos.

Sentíamos una mezcla de vaga ansiedad e indiferencia. Nada nuevo, no era la primera vez que oír sobre los estragos de un país lejano no nos quitaba el sueño lo más mínimo. Sin embargo, en aquel momento ignorábamos algo importante,uno de los fenómenos que más influyen en nuestras vidas. Algo tan ubicuo y en lo que estamos tan imbuidos, que resulta muy difícil abstraerse lo suficiente como para apreciarlo. Me refiero a la globalización. Mirábamos las noticias con nuestros móviles Xiaomio Huawei y con ojos de besugo pensábamos que era imposible que todo aquello nos afectara lo más mínimo. No contábamos con que el virus saltase por los países como la ropa que usamos, la comida que consumimos o los productos que vendemos.

Unas dos semanas después se empezaron a oír noticias sobre Italia. Aquello era totalmente diferente,son nuestros vecinos de al lado y prácticamente les entendemos al hablar. Nos encanta su comida. ¿Quién no ha tenido o conoce a alguien que haya tenido un ligue italiano? Mismo clima, misma pasión por el fútbol, mismo contraste entre el norte y el sur. Son *relatable*, como dicen los ingleses. En ese momento me encontraba en una reunión con mis compañeros de Cirugía en el hospital. Estábamos todos, algunos de pie, escuchando mientras una compañera italiana nos contaba que su familia estaba recluida en sus casas y que los negocios estaban cerrados. Mi jefe dijo que todo lo que estaba pasando allí pasaría aquí una semana más tarde. Mientras, la gente asentía con incredulidad manifiesta. La reunión terminó, y comonadie había dado órdenes concretas, seguimos trabajando más o menos igual. Me daba un poco de vergüenza ponerme la mascarilla y los guantes fuera de quirófano, me sentía un poco ridículo. Sin embargo, la amenaza iba haciéndose cada vez más real, como cuando dicen en el telediario que el mismo avión que cogiste hace un año se ha estrellado, o como cuando ves un ramo negro en un cruce de carreteras. En definitiva: *ahora sí que podría pasarte a ti.*

Por tanto, era cuestión de tiempo que me tocara ver a mi primer paciente COVID-19. O al menos eso creía. Ocurrió una noche en la que estaba con un compañero: los cirujanos hacemos guardias de 24 horas y entre muchas otras cosas nos encargamos de los dolores abdominales fuertes. Y aquel era el caso: un señor mayor que venía al hospital por este motivo, pero en el que además los compañeros de urgencias sospechaban el virus. Mandé a mi residente a verlo pero segundos después fui con él. Me di cuenta de que el miedo me estaba influyendo sin querer en mi decisión de acompañarle o no. Tras convencerme, ambos nos pusimos los equipos de protección que se llevaban en aquel momento y pasamos al *box*. La cara del paciente al vernos con los trajes era la misma que habíamos puesto nosotros al usarlos por primera vez.

Conforme fueron pasando los días, la tensión en el hospital se fue haciendo palpable. Había gente excesivamente cuidadosa y otros que no lo eran lo suficiente. Flotaba un sabor amargo en el ambiente y cada vez que me rascaba los ojos o la nariz sin querer, me preguntaba si ese sería el gesto que me contagiaría.

Algunos compañeros contrajeron la enfermedad y se empezó a hablar delcontagio con la expresión *"habían caído"*. A mí no me gustaba el símil bélico, pero entiendo que se haya popularizado tan rápido. Las personas necesitamos, tanto para pensar como para sobrellevar cualquier cosa,su concepto. Para algo tan difícil de digerir como la pandemia, una aproximación de este tipo puede ayudara dar algún sentido a lo que está pasando. En este, como en otros contextos, una metáfora tan precisa resulta muy poderosa.

Me infecté poco después y empecé a manifestarlo una semana más tarde. Estoy convencido de que ocurrió durante otra guardia, mientras un compañero distinto y yo estábamos operando a una paciente. Lo comprendí a posteriori, a raíz de oír hablar de un detalle científico que alguien había publicado. Lo cierto es que todo el mundo estaba investigando mucho sobre la pandemia. Y cuando digo todo el mundo, me refiero a todo el planeta.

Por un lado, estaba la investigación más avanzada, en la que diversos laboratorios del mundo se disputaban la vacuna. Qué quieres que te diga, aunque admirable, me era inevitable compararlo con una competición: como lo fueron la carrera espacial o el descubrimiento de la bomba atómica. Si bien el deseo de los investigadores probablemente fuera ayudar a los demás, pienso que la parafernalia que les rodeaba solo buscaba dinero y poder.

Por otro lado, había mucha demanda en general de artículos científicos. Las revistas, generalmente inalcanzables para los médicos de a pie, bajaron su nivel de exigencia a la hora de aceptar trabajos sobre la pandemia o sus consecuencias en otros aspectos de la Medicina. Más si procedían de países muy afectados por la misma. Para mí no era más que otro mundillo que hunde sus raíces en el capitalismo. Otro negocio. Así que,en aquel momento todos estaban como locos por publicar: aquello parecía una especie de fiebre del oro.

Pero volvamos al detalle al que me refería

anteriormente. Si te resulta desagradable me hago cargo, lo que necesito explicarte no creo que ayude. Generalmente operamos con bisturí eléctrico, y este corta porque evapora el agua que contienen los tejidos. Aquel día, mi compañero y yo estábamos haciendo una cirugía no demorable, urgente, en la que tuvimos que extirpar un segmento de intestino delgado.Un trozo de tripa. Es algo que hacemos habitualmente, y luego no hay más que coser los dos extremos para que la comida pueda seguir su camino.Hicimos esto con las medidas adecuadas para aquel momento. Pero lo que no sabíamos y se demostró más tarde, es que al hacer esto, al abrir una tripa, las copias del material genético contenidas en su interior se liberan y son vaporizadas por el bisturí eléctrico. Tengo la impresión de que así fue como ocurrió: mi compañero también se contagió y las fechas cuadran.

La guardia terminó y los días fueron pasando. Me fui encontrando cada vez más cansado y con más dolor en el cuello y los músculos, pero pensaba que simplemente necesitaba dormir bien. Incluso cuando comencé con fiebre, me decía a mí mismo que lo que tenía era una gripe y no el COVID-19. Si algo estoy sacando en claro de esta crisis es que las personas tenemos una capacidad de justificarnos, y perdón por la expresión, acojonante. Tenía fiebre y los síntomas adecuados, estaba en medio de una pandemia mundial, en un hospital de la ciudad más afectada del país con más casos de Europa y aún así, era capaz de creer que lo mío era una gripe. A pies juntillas además, no podía evitarlo. Sentía una especie de instinto que me hacía pensar que todo lo malo no iba conmigo, aunque la lógica apuntase en la dirección contraria. También vi esto en otros compañeros: como para ellos lo mejor era haber pasado la infección sin síntomas y estar inmunizados, se convencían de que les había pasado esto. No les importaba que la primera prueba dijera lo contrario. Ni la segunda. Sabían que tenían que estar mal, que cómo no iban ellos a haberlo pasado.

Poco después, mientras me subía la fiebre, me venía a la cabeza algo que me dijo un profesor en la Universidad: «si en España oyes cascos bajo tu ventana, lo más probable es que al asomarte veas caballos y no cebras». Recordando estas palabras conseguí entrar en razón, hice caso a *MG* y fuimos al hospital.

Me atendieron en urgencias y me dieron el alta tras hacerme la prueba. El resultado no estaría hasta el día siguiente, pero en un caso u en otro me tocaba aislarme en casa. Ver a la gente que conocía, con los equipos de protección y actuando de forma totalmente protocolizada, me llamó mucho la atención y contribuyó a alarmarme. Todo se estaba volviendo *demasiado real*.

Colgaron el resultado a la mañana siguiente: positivo. Me fui acostumbrando a la idea de que estaba enfermo y dejé pasar los días. Estaba fastidiado: tenía sensación de fiebre, cansancio y tiritonas ocasionales. Además, unos mocos en la parte de detrás de la garganta me habían quitado el olfato y el apetito, así que lo tenía difícil para comer. *MG* llegaba poco antes de las cuatro y se ponía a preparar la comida porque yo estaba demasiado débil. Se merece la Luna por cómo se ha portado, y más teniendo en cuenta que atendía a pacientes contagiados en la UVI por las mañanas.

Una noche me harté de todo. Me habíasubido la fiebre y casi no había pegado ojo.Me atribulaba un torbellino confuso de sentimiento, que tras unas horas cristalizó en darme cuenta de que estaba muy cansado.Hasta las narices estaba de las exigencias de mi trabajo, de que se me acabase el contrato, de la responsabilidad, de no haber podido salvar o ayudar a todos los pacientes, de la precariedad que me quedaba por delante hasta conseguir un puesto fijo y de la que sufrían el resto de sanitarios. Recordé una cirujana de Badajoz, muy competente, quededicándose a dos de las áreas más difíciles de la cirugía, había estado firmando contratos diarios varios años. Tenía demasiado tiempo para darle vueltas a la cabeza: pasar de una rutina tan dura a estar todo el día libre no me resultó nada fácil, fue una frenada demasiado brusca. Y además estaba obviando mis síntomas pensando en estas cosas que en realidad no eran tan importantes.

Tras tres o cuatro días empeoré: me aumentó la fiebre y me encontraba quizá un poco más débil, así que volvimos a Urgencias. Aunque no necesitaba oxígeno decidieron ingresarme un par de días para vigilancia. Intentaba mantener las apariencias mientras se lo contaba a *MG* y ella hacía lo mismo, pero ambos veíamos la preocupación en los ojos del otro. No me fue fácil contárselo a mis padres estando separados doscientos kilómetros. *MG* se fue, pasé unas horas en observación y después un celador me llevó a mi habitación en silla de ruedas. No pude evitar sentirme un poco abrumado, la verdad: la misma gente, los mismos pasillos y la misma planta que había visto millones de veces. Pero al recorrerlos en primera persona mientras alguien me llevaba, la sensación era distinta. Como de principio (o final) de una película: me sentía en la otra cara de la moneda.

En realidad, eso fue todo. Pasé dos días y dos noches sin empeorar lo más mínimo y me dieron el alta. Procuré entretenerme, sin mucho éxito. Miraba el móvil hasta que me molestaban los ojos. Conversé durante un rato con una auxiliar de enfermería que también era manchega y le enseñé un video en el que salían unas cabras montesas cruzando la plaza mayor de Chinchilla, en Albacete.

Ya de vuelta en casa me fui recuperando poco a poco. *MG* y yo cogimos la costumbre de ver una película española al día durante la hora de la comida. Vi a Carmen Machi más a menudo que a mi madre, y eso que hablo mucho con ella por videollamada. Los medicamentos me tenían malo del estómago y había perdido mi cargador, pero cada día iba un poquito mejor. Por fin, una noche gloriosa, se me disolvieron los mocos que me impedían oler y que me habían robado el apetito. Benditos anticuerpos. Quizá te parezca una estupidez, pero aquello me hizo realmente feliz. Comencé a entender que aquello significaba que estaba fuera de peligro.

Tras esto, puedo decir que mi confinamiento no ha sido como el tuyo, ni como el de los demás. No ha sido algo impuesto, sino el punto al que he llegado al recuperarme de la enfermedad. Al mejorar poco a poco, me fue más fácil aguantar en este pequeño piso de treinta metros. *MG* y yo seguíamos todas las recomendaciones a rajatabla: dormíamos en camas diferentes, fregábamos los platos una segunda vez con lejía, usábamos cubiertos diferentes y manteníamos la distancia. Me acostumbré a mi rutina y aprendí a recrearme recogiendo el piso, ordenando, barriendo, fregando y cocinando. Quería que *MG* no tuviera que mover un dedo, bastante había hecho. Cortaba las cebollas como si estuviera en la introducción de *Dexter. S*olo me faltaba la música. Supongo que me gusta cortar…será que sí he escogido bien mi trabajo.

Además, me dio por escribir. Llevaba mucho tiempo pensando en hacerlo y empecé casi sin darme cuentas. En uno de mis podcast favorito, *La Cafetera,* ponían un clip de audio de un poema de Bukowski. Lo que venía a decir es que nadie debe escribir por fama o por dinero. Tampoco si no tiene nada que decir. Solo hay que hacerlo si tienes un fuego en tu interior que te está quemando las tripas y que sale despedido de tu alma como un cohete. Quizá esté, creo que he empezado a darle a la tecla porque me siento de forma parecida.

Ahora ha pasado más tiempo y todo va volviendo a la normalidad. El hospital está cada vez menos saturado y, con prudencia, se intentan poner las cosas de nuevo en marcha. Hace poco me crucé con una paciente joven, sin oxígeno y llevada por un celador en silla de ruedas. Sus ojos asustados me recordaron los míos algunos días antes y esa escena, que había visto hasta la saciedad, se presentaba ante mí cambiada para siempre.

Sin esperanzarme demasiado, creo que estamos en una especie de deshielo. Por primera vez en nuestras vidas, algo más grande que tú y que yo nos ha pasado por encima. Más grande que tu jefe, que el suyo, que el Gobierno, que las Naciones Unidas y que la maldita mano invisible del mercado de la que hablaba siempre Sampedro. Claro que no debería haber pasado y por supuesto que lamento todo lo malo que ha traído. Pero mi manera de honrar a las víctimas es intentar sacar algo bueno de todo esto.

En cuanto a mí, he tenido suerte. He pasado la

enfermedad de forma llevadera y me he dado cuenta de a quién tengo a mi lado y de lo que de verdad tiene importancia en la vida. He vuelto a hablar con mis padres *de verdad*, sin contar los segundos para colgar el teléfono. Espero seguir haciéndolo todo lo que pueda.

En cuanto a ti, yo no puedo decírtelo, tendrás que sacar tus propias conclusiones.

En cuanto a nosotros, nuestro país, nuestro continente y nuestra civilización, solo espero que comprendamos que nadie sale por si mismo de este agujero; que empecemos a valorar más a las personas que a las cosas; que sean más importantes los seres queridos, la ética, el amor, la honestidad, las ideas y el arte que los números que aparecen en una pantalla.

En esto pienso cada día mientras me dirijo al hospital a ver a mis pacientes y a ayudar en lo que pueda. Al pasar por un pequeño puente veo que la primavera ha alcanzado el parque en una explosión de flores amarillas. El confinamiento, la crisis, los ingresados, los fallecidos, las despedidas ciegas y forzosas, los desalmados que aprovechan para lucrarse y todo lo demás, parece indiferente a ojos de la naturaleza. Al final ese sentimiento no era solo nuestro, sino mutuo. Pero creo que podremos arreglar eso también. Con el tiempo.

Estoy deseando conocer a mis perros.

(paréntesis) diez relatos desde una cuarentena

2

AYER, HOY, MAÑANA Y PARA SIEMPRE

por Daniela Ginard

Me asomé a mi lugar favorito de mi nueva casa, en ese en el que últimamente paso ratos eternos, donde he podido dar forma a todo esto que vengo a contar unas líneas más abajo.

Hace apenas unas décimas de segundo que me lo han planteado y mi reacción ha sido... «¿y por qué no?» Así que, aquí me encuentro, con el sol de Palma de Mallorca en plena cara, aportándome ese grado de Vitamina D por el que mucha gente pagaría en este momento,en pleno 2020, año en el que alcanzaré los treinta, ese maravilloso espacio temporal de nuestras vidas en el que, según las estadísticas, empezamos a cuidarnos y a tomarnos algo más en serio el paso del tiempo.

Luego también tengo ese pequeño lapsus interno en el que pienso «pero Daniela, ¿qué te crees que estás haciendo?» Me gusta leer, mucho. Soy de esas personas que tiene un libro a cada lado de la cama, porque a menudo siento la necesidad de evadirme y meterme de pleno en historias que otros cuenten para mí. Pero el tema de escribir… es otra cosa. Por eso, aunque cuando me llegó el planteamiento de llevar a cabo este relato, mi primera reacción de duda se esfumó tras esas décimas de segundo, el titubeo de tener que plasmarlo para que esta vez sean otros los que me lean a mí, me paralizaron, ya que eranpalabras mayores, digamos.

Una vez decidida, plantada delante del ordenador, mirando la pantalla y la ella mirándome a mí, llegó el primer parón en seco. *¡¿Y ahora,por dónde empiezo?!* Por eso creo que, para poder explicarme mejor, será mejor que os exponga esos dos grandes bloques que hacen de mí, una persona totalmente distinta.

El primero es MI YO DEL PASADO, o por acotar un poco, ese YO que empecé a ser a finales de 2019 y principios de 2020.

Fue mi época dorada, aquella en la que crecí, como

nunca creía que iba a hacerlo. Al menos, esa era mi sensación, profesionalmente hablando, porquesi nos centramos en la parte del amor, digamos que esta se encontraba en un periodo de stand by.

Todo el mundo tiene una amiga o conoce a alguien como la persona que está escribiendo estas lineas. Yo era de esas personas que iban uniendo relaciones como si fueran partes de un puzzle y prácticamente nunca había estado sola. Por ello, fue en ese primer bloque donde empecé a conocerme. Ahí fue donde decidí que mi tiempo era para mí, mis pensamientos eran para mí, mis acciones eran para mí y yo era el centro de mí. Y es ahí cuando empecé a pensar en mí misma. Pero todo esto fue casualidad, no vayáis a pensar que, después de todo eso, llego un día en el que tomé esa decisión. No. Aquí fue el destino quien decidió que, después de mi última relación hace ya casi tres años, fueran otras mis prioridades. Una de ellas fue mi trabajo. Nunca he sido perezosa, siempre he disfrutado trabajando y la atención al cliente es de las cosas que más me reconfortan, pero tras esa última ruptura, me involucré a ratos demasiado, a ratos porque lo necesitaba en ese hotel, el cual puedo decir con orgullo y seguridad que se convirtió en mi casa.

Ahí conocí a mis antes compañeras, ahora grandes amigas, y ahí también las escuché repetirme muchas veces que tenía que salir, tenía que desconectar, relajarme. Lo que nunca las dije es que ahí es donde me apetecía estar. Ya estuviese trabajando, molestando (en el buen sentido de la palabra) o simplemente acompañando, me sentía feliz y no obligada. Me sentía cómoda.

Y fue en ese periodo de tiempo cuando empecé a apostar por mi crecimiento personal, algo que no me había planteado anteriormente. Poco a poco fui cogiendo ciertas responsabilidades y, por consecuencia, más confianza en mí misma. Como he dicho antes, iba poco por casa, pero aún recuerdo cómo le brillaban los ojos a mi padre cuando le contaba lo que había hecho durante el día y el orgullo que sentía yo al verle así. Aquí es cuando le doy paso a mi amigo el destino. Muchos dirán que eso no existe, pero si, yo creo mucho en él. Tanto que a menudo me dejo fluir bastante o demasiado, y creo que hay ciertos momentos en los que conviene sentarnos a mirar por la ventana y esperar a que sea el destino quien decida por ti.

Aun así, en ese momento, él fue mi aliado. Llevaba prácticamente dos meses en pleno desarrollo profesional y de repente, lo conseguí. Aun recuerdo ese momento, en el que me enteré. Estaba tomando mi café del día, con la que era mi directora y ahora amiga, y de repente me miró y yo ya sabía que tenía algo que contarme. Aquí muchos pensaréis que me vine arriba o que me quedé en shock, pero mi primer pensamiento fue «¿y ahora que hago yo con todos los fines de semana libres?». Pero sí en realidad, me agobié un poco, pero pronto me obligué a pensar que ese ascenso únicamente me llevaría a dedicar un poco más de tiempo al trabajo, pero siempre disfrutando y aprendiendo con ello.

Cuando no había hecho ni los tres meses en ese nuevo puesto, me llegó una nueva oferta: traslado a Palma de Mallorca. Aquí os puedo asegurar que mi primera reacción fue *«ni muerta»*. Había conseguido independizarme en un piso que era mi paraíso particular, tenía los fines de semana libre, podía ir al pueblo, tenía tiempo para ver a mis sobrinos, a mis amigas…. Pero por primera vez, le planté cara al destino y fui yo quien decidió y dije sí.

Los primeros meses fueron una auténtica locura. La adaptación no fue todo lo fácil que había imaginado e incluso tuve que alojarme en el propio hotel durante los primeros días. Aun así, yo era feliz, conocí gente nueva,

(paréntesis) diez relatos desde una cuarentena

siempre tenia alguien con quien estar, con quien hablar…

Entonces llegó el día en el que encontré mi soñado piso. Estaba en pleno centro de Palma, con más terraza que casa en sí, y eso me hacía enormemente feliz. Me recordaba a mi época en Berlín.La casera estaba segura de que quería alguien como yo, y yo no hacía más que encontrar señales de que ese era mi lugar. Y gracias que lo encontré, ya que ha sido mi lugar desde que llegué a la isla.

Para pasar mi tiempo libre, decidí apuntarme a baile, clases de cocina, salir a socializar… Incluso hice lo que no esperaba hacer nunca: intenté conocer gente, pero a través de las redes sociales, cosa que me duró poco, ya que soy demasiado tradicional y miedica al mismo tiempo. Y justo cuando estaba en mi época de esplendor en la isla, había perdido un poco de ese miedo y vergüenza, apareció eso que nos ha cambiado la vida a todos. Llegó el COVID-19.

Yo sé que, en parte, estaba sola en la ciudad, pero yo era quien lo había decidido. Ahora esa soledad se había antojado como obligatoria.Y todo cambia de rumbo. Ahora todo es completamente diferente. Ahora, todo pesa.

Aun recuerdo cuando empezaron a llegar las

noticias de China, y como buena española que soy, todo me lo tomaba como broma: para mí era algo lejano, algo que nunca hubiera pensado que podría llegar a España. Además, esa misma semana yo había tenido una reunión en Madrid y ni siquiera ahí podía imaginar las consecuencias que este virus nos traería a nuestras vidas. Trabajo en el sector turístico, primera potencia para nuestro país. ¿Cómo iba a llegarnos algo tan grave a nosotros?

A la vuelta de esa reunión, ya en el avión, me tomé mi tiempo para pararme a pensar e intenté analizar las diferentes situaciones que podrían darse. Lo de pensar es mi comodín, ya que tengo pánico a volar y necesito algún tipo de entretenimiento, si noacabaría pensando que voy a morir y a plantearme de nuevo que hago viviendo en una isla….

Volviendo a esos pensamientos -el día 1 de marzo de vuelta a Palma- no eran de todo positivos ya que lo único que me rondaba por la cabeza eran las mil maneras que teníamos de contagiarnos, muchas de ellas reales y otras muchas imaginarias, y que el miedo me hizo crear en mi subconsciente. Recuerdo que no utilicé ni la máquina expendedora de agua como hago siempre nada más pasar el control, ni los aseos, y siempre iba respetando la distancia de seguridad de quienes iban a mi alrededor, cosa que era difícil ya que, a pesar de que empezaba a haber gente con mascarillas, aun no era un hecho que el virus estuviera entre nosotros, con lo quepara mí, eran unos exagerados.

Pero por fin llegue a casa y mis pensamientos cambiaron radicalmente… «¡el lunes a currar!»

Con la nueva situación, diariamente recibíamos un informe sobre las nuevas reservas y cancelaciones que teníamos a nivel compañía y esa semana empezó a notarse la realidad. Aunque es cierto que en nuestro hotel teníamos pocas llegadas diarias, cada vez que recibíamos a algún cliente que procedían de China o Italia, que eran los países donde más se había expandido el virus, no podíamos evitar sentir ese miedo.

Ahí empezamos a tomar consciencia de la necesidad que teníamos de lavarnos las manos cada pocos minutos y de cuándo teníamos que respetar esa distancia que por naturaleza nunca pondríamos mantenerla entre nosotros.

Y de repente, esas cancelaciones se multiplicaron y

no solo los hoteles de la isla, sino todos los de la compañía. No llegaban noticias positivas, sino todo lo contrario. Yo ya imaginaba que tendríamos que cerrar y recuerdo que había gente que me llamaba exagerada, pero Madrid ya tenía más casos que ninguna otra ciudad y sin ellosnosotros no podríamos sobrevivir.

Y así llegó el viernes 13 de marzo. Para que luego me digan que no sea supersticiosa. Ese mismo día, nos comunicaron que se cerraban todos los hoteles de la compañía, tantos los de Madrid, como los del resto de ciudades de la península. Nosotros aun mantendríamos el hotel abierto durante algunos días, pero ya todos sabíamos que era cuestión de tiempo que nos tocase a nosotros también. Cosa que, si te parabas a mirar por la calle, chocaba con todo lo que encontrabas:las terrazas seguían llenas de turistas; había gente esperando para sentarse;los niños seguían jugando en los parques; y los abuelos compartían experiencias del pasado en su banco habitual.

Nadie era consciente de lo que estaba por venir. Ese mismo fin de semana, recibí la llamada de mi amiga Mar. Iba a salir a navegar con su marido y, sabiendo que me encanta ir con ellos, me ofrecieron acompañarlos una vez más. Así pues, preparamos nuestro picnic con nuestros imprescindibles de tortilla y cerveza y nos fuimos a pasar el día a una cala. Prácticamente lo teníamos todo para estar felices, pero nada podía quitarnos el virus de nuestras cabezas. Aun así, pusimos todo de nuestra parte y nos decidimos a aprovechar esa ocasión tan maravillosa que teníamos para disfrutar del mar, sin saber que seria la ultima vez que lo haríamos en mucho tiempo.

Al poco de llegar a la cala y justo en ese momento, tuvimos que volver. Me acababan de informar de que cerrábamos el hotel.

Junto con el vacío que sentí en ese momento, me invadió un sentimiento de necesidad por ayudar a mis compañeros que eran los que estaban allí. Tal y como me dijeron unos días más tarde, «nos enseñan a abrir hoteles, pero nunca a cerrarlos». Por lo que teníamos por delante un par de días de máxima intensidad. Debíamos hablar con los clientes que estaban alojados, con los que iban a llegar, dejar todo bien cerrado, las habitaciones preparadas y haciendo todo lo necesario para hacer más fácil la aún lejana e incierta reapertura.

Aún recuerdo el silencio que existía entre el equipo, el miedo que sentíamos todos y el que sentía yopor no saber que seria de ellos, de si volveríamos a vernos pronto o de si ni siquiera volveríamos a encontrarnos.

Al día siguiente se declaro el estado de alarma. Yo estaba agotada física y mentalmente y veía el obligado confinamiento como una oportunidad para descansar.

Pero me asaltaban las dudas y no podía evitarlo. «¿Y ahora qué hago yo?», «¿ERTE?», «¿qué es eso?», «¿cuánto durará?», «¿y si cierran el aeropuerto?», …

La primera de mis preguntas tuvo una respuesta rápida. No podía volver. Mi padre estaba con fiebre en casa y dos días despuéscerraron el aeropuerto:me quedo en la isla. Al resto de preguntas decidí apartarlas, por mucho que volvieran a mi cabeza no podía darles respuesta.

Y sin planearlo, he llegado a mi YO DEL PRESENTE.No de hoy justo, sino de la última semana de marzo y el famoso mes de abril 2020.

Como he dicho antes, el confinamiento me lo planteé como una oportunidad de descansar, de organizarme. Por ello, empecé a elaborar unExcel con todas y cada una de las tareas que quería conseguir, agrupada por prioridades o temascomo: ocio, deporte o estudio. Todo organizado con colores.

Pero ahí se quedó. Estaba preparada para organizarlo, pero no para llevarlo a cabo. Digamos que necesitaba pasar "ese duelo". Tenia que llorar, porque así me lo pedía el cuerpo. Pasé muchas horas en el sofá, en la cama, en la terraza que yo pensaba que eran horas muertas, pero ahora sé que eran necesarias.

También hacia muchas cañas *online* con mis amigas, mi familia, mis compañeros… Pero ese sentimiento de vaguería no lo pude alargar más de una semana. Al final del díame sentía mal, tenía la sensación de que no había aprovechado el tiempo. Con lo que, aunque mi cocina de menos de un metro no me ayudase, intenté empezar a cocinary me obligué a seguir una rutina de deporte(recordad que estoy cerca de los 30 y el cuerpo lo sabe). Incluso me compré varios productos de cosmética, que un par de meses antes en un afterwork con unas compañeras, me habían aconsejado utilizar. Casi todos vienen con el indicativo de +30, así que igual era buen momento para empezar.

Ahí cambiémi rutina, y en vez de engañarme y

frustrarme por lo que no estaba haciendo, me limité a darle la vuelta y a hacer aquello que realmente me motivaba. Tras unos días de máxima productividad, tuve otro momento de bajón. Todo era un drama, me costaba hacer incluso aquello que mas me gustaba, echaba de menos hablar con una persona cara a cara, un abrazo, un beso o algo tan simple como que alguien me hiciese la cena un día o terminase fregando los platos.

Esto puede parecer que lo digo por vaguería, pero no. Ahí solo necesitaba un poco de compañía física.

Me ponía a pensar en cuanto tiempo podría quedar para que esto terminase, y no veía el fin. Mi abuela me seguía preguntando que cuándo iba a volver y yo me obligaba a cambiar de tema porque no sabía qué contestarla.

Con lo quevolví a darme ese tiempo de convertirme en bicho bola y consumir la primera película romántica que Netflix me ofreciese para poder llorar sin sentirme aún más triste.

Días más tarde, empezó a salir el sol, y mi estado de ánimo cambióa mejor. Incluso me decidí por hacer una barbacoa. Para uno, sí. Y aquí va mi consejo: no sigáis mis pasos. No merece la pena. Una de las cosas más tristes que me llevo de este confinamiento es prepararlo todo para hacer dos chuletas y dos pancetas. Una barbacoa sin alguien que te meta prisa por coger el primer trozo, o que te diga como tienes que poner el fuego, o con simplemente dos personas peleando porque alguien haya comprado Cruzcampo. En todos los grupos hay una amiga a quien no le gusta la cerveza. Pues bien, no le encarguéis a ella la compra de ese preciado bien.

En el mismo saco de mi NO a la barbacoa para uno, puedo añadir el beber de más, estando sola. Esa última semana, la de las videollamadas, no había conversación que tuviese que no fuese acompañada de dos cervezas. Ahora doy gracias de que el minibar que tengo por nevera no tenga opción de hielos, porque si nos, esas cervezas hubieran sido gin- tonics.

De esas llamadas lo que odiaba era el final. Ahí me entraba el bajonazo, el miedo y acababa llorando. Me venían miles de pensamientos, pensaba en qué maravilloso seria haber conocido a esa persona especial unos días antes del confinamiento y pasarlo con risas, bromas, sexo y complicidad en vez de con lágrimas y sola. Pero no, no fue así, sino todo lo contrario. La soledad iba creciendo día a día y yo terminaba llorando como si el fin del mundo estuviese a la vuelta de la esquina.

Para no engañarme y ser sincera conmigo misma, a todo esto se le sumó la repentina aparición de mi ex, pero aquí decidí volver a cogerlas riendas de mi vida y zanjé por lo sano. No tengo pareja en cuarentena, me niego a tener un ex. Estoy triste, sí. Pero yo soy mi prioridad.

Lo bueno de tener un día malo, es que el siguiente solo puede ir a mejor. Y así llego una nueva semana. Nuevas energías, nuevas emociones y nueva actitud.

Contacté con mi casera, que casualmente vive debajo de mi piso, y llegamos a un acuerdo. Yo me encargaba de la compra y ella me hacía hielos (elminibarmiono da para más).

No, en realidad es persona de alto riesgo y no puede salir a la calle con lo que la compra se la hago desde el día uno de confinamiento, pero oye, unos hielos nunca vienen mal.

Pensando en ella, llegue a la conclusión de que yo también era persona de alto riesgo. Noporque tenga mala salud ni haya tenido alguna enfermedad. Soy una persona que esta sola en una isla y donde no tengo localizado ni el médico de cabecera que me corresponde y a día de hoy no he conseguido mascarilla. Por ello, bajo una vez a la semana a la compra y cuando llega el cuarto día, y por el reducido tamaño delminibar-nevera, sobrevivo a base de pasta, arroz, huevos y atún.

En esos días, empecé a tener pesadillas, en las cuales me ingresaban y estaba varios días en el hospital. Pero cuando realmente lo pasaba mal era cuando me daban el alta. Vivo en un cuarto sin ascensor, no puedo beber ni agua del grifo (echo de menos la de Madrid) por lo que tome una decisión que me alivió: poner el contacto de mi amiga Mar con el mítico AA delante, que siendo sincera no sé si se seguirá utilizando, además de enviarle los contactos de mi familia ordenados por prioridades. Es decir, si pasa cualquier cosa, ella debería llamar a mi hermano mayor en primer lugar.

El tiempo fue cambiando poco a poco. En Palma había cada día menos personas contagiadas, por lo que decidí bajar al mercado un día si y otro no. Tenía que quitarme ese miedo a salir a la calle yutilizar los guantes, aunque tuviese que desinfectarlo todo en el momento que llegaba a casa.

Otra decisión que tomé fue la de dejar de ver las noticias. No podía empatizar con todas y cada una de las personas que estaban sufriendo porque acababa llevándomelo a lo personal y volvía a mi estado de bajón. De hecho, conseguí desconectar tanto que me entraba la risa al pensar que el gobierno nos había dejado salir moderadamente y yo ni siquiera me había enterado.

Esos días en lo que me encontraba bien, decidí que no podía engañarme a mi misma, que debía disfrutar de todo un poco más y volver a tomar esta situación como una oportunidad de descansar y conocerme. Y aquí tire la casa por la ventana, escondí el miedo y la vergüenza y...volví a las redes sociales.

Tinder fue mi aliado en este caso. Que conste que lo único que pensaba encontrarme era mucho *baboso*, que lo único que quería era pasar el tiempo y reírse de la gente. He de decir que para mi sorpresa y la de mi amiga Anabel, quien me daba muchos consejos sobre esto, ya que es toda una maestra y ha vivido muchas experiencias de este tipo, hice *match* con más de un chico que, a primera vista, tenía buena pinta. No nos engañemos. Todo el mundo sabe que el exterior si importa. Y yo aquí he de reconocer que también tiré de carrete y recuperé mis fotos de postureo, con mis gafas de sol, labios rojos y buena cara. Bienvenidos son los filtros que hacen que todos nos queramos más.

Pero no. Yo no escribía. Yo era de las que daba al *SI* y bloqueaba el móvil muerta de vergüenza por si los astros se habían alineado y la persona del otro lado también me había dado *SI*.

Hasta que llegó el día en el que… (me da vergüenza hasta escribirlo)…me lancé y solté un *"hola"*.

Y funcionó.

Me he dado cuenta de que mola hablar con gente que no te conoce absolutamente de nada, que tengas que contarle desde tu color favorito, hasta el porqué de la cicatriz del lado de la cara… que sí, se me ve en todas las fotos, pero que me encanta que así sea.

No es que no quiera a mis amigas, pero hablar todos los días con ellas y a todas horas hace que los temas se limiten y solo podamos compartir opiniones de lo que hayamos visto en Instagram, Twitter…

Volviendo a mi *"hola"*, he de decir, que fue mi mejor viernes de todo el confinamiento. Al principio solo hablamos por esa aplicación, pero pronto nos dimos el número, y WhatsApp paso a ser nuestra vía de comunicación, ¡con audios incluidos y ¡¿quien dice que no lleguen las videollamadas?! ¡Qué nervios!

He de decir que, todo esto, ya estaba hablado con mis amigas. Sé que ellas están preocupadas por mi vida sentimental. Y aquí recalco sentimental, ya que saben que la sexual la tengo más que apañada. Sí, precisamente con eso que os estáis imaginando, ¿quién no tiene un Satisfayer en pleno 2020?

Sé que ellas están emocionadas y contentas por mí, porque según me han dicho, se me nota hasta la risa nerviosa al hablar con ellas.

¡Vamos, que esto se lo cuentas a mi YO DEL PASADO y te dice que estás flipando!

Orgullosa de todo esto que estaba consiguiendo, pase a pensar en mi YO DEL FUTURO

A partir de aquí empecé a pensar en lo que me gustaría hacer una vez que saliésemos de este encierro mundial. En un primer momento, pensé en estudiar, pero igual debo elegir algo que me apetezca de verdad y disfrute con ello, por lo que lo de estudiar lo voy a posponer para más adelante. He estado demasiado tiempo centrada en el trabajo, y mi vida social ha brillado por su ausencia, por lo que he decidido disfrutar de mi este verano sin trabajar, ni responsabilidades… bueno si, pero solo una: ser feliz, y voy a empezar por hacerlo mientras me recorro la isla. Para ello necesitaba hablar con la casera, es algo complicado disfrutar de la vida pagando novecientos euros de alquiler.

Así que veía dos opciones: o mudarme o hablar con ella. Esta última parte me viene un poco regular, porque el tema de negociar no es lo mío. Hice un breve intento y le pedí una bajada del alquiler, y por poco acabo pagando de más, aparte de seguir haciéndole la compra y regándole las plantas. También le bajo la basura…. Con lo que este punto aún está por decidir…

Otra decisión que me vino a la cabeza, más por necesidad que por otra cosa, es la de pasar todo el mes de agosto en el pueblo, como cuando era chica. Allí puedo disfrutar de verdad, de los míos, del campo, de los paseos, de pasar el tiempo perdido con la bici….

Y aquí llego la reflexión más importante en relación a mi futuro: no sé lo que voy a hacer mañana, con lo que no intentes pensar en lo que harás en dos meses.

MI YO DEL FUTURO no existe. Ni el mío, ni el de nadie. Ha tenido que venir una pandemia mundial arrasándolo todo, para que nos demos cuenta de que lo verdaderamente importa es disfrutar y vivir el presente.

De momento puedo imaginar lo que haré el día 11 de mayo que es cuando podemos salir, pero intentaré limitar mis pensamientos y no hacer planes en un marco de más de dos semanas. No merezco tener esos estados de bajón que tanto me han acompañado durante este confinamiento. Porque yo no soy así.

Después de todo esto y tras mucho meditar, he vuelto a pensar que esto es una decisión de mi (recordad) querido destino. Esto es una nueva oportunidad que me han puesto en mi camino, para hacerme ver que es MI MOMENTO. Que me toca disfrutar de la vida. Que, aunque disfrute en mi trabajo y me encante hacerlo, es hora de saltarme las reglas, de viajar donde me apetezca, conoceré gente, reiré con ellos, pasearé sin rumbo, subiré montañas, tomaré decisiones que lo único que me den sean buenos resultados, perosobre todo, intentaré dejar el miedo apartado y alejarlo de mis objetivos. Ya habrá tiempo para pensar en el trabajo, de buscar una respuesta a esa pregunta que a todos nos han hecho alguna vez en la vida de: *¿dónde te gustaría estar dentro de 5 años?* Pues queridos, ni lo sé ni pretendo saberlo, al menos de momento. Ya vendrá el destino a ayudarme, cuando tenga que ser.

PD: he vivido la realidad fácil de todo esto y la verdad que toco madera: la de quedarse en casa, la de enterarme del numero de muertes por televisión y no por alguien cercano.No he vivido el drama de los hospitales y de esa lucha agotadora de gente, a veces demasiado joven, en el campo de batalla.

El vivir "la realidad fácil"te permite dedicar tiempo a pensamientos que en "la realidad difícil" son absurdos y a veces insultantes, por eso estoy feliz y muy agradecida de haber podido dedicar tiempo a pensar y meditar sobre que va a ser de míy sin un drama que superar cuando todo esto acabe.

3

UN FUTURO DIFERENTE

por Miguel López

¿Qué quién soy? ..., soy uno de vosotros, un ciudadano más que quiere vivir una vida elegida con sus aciertos y errores, pero sentida por mis decisiones, algo que en este momento resulta muy difícil de conseguir, provocándome rabia y frustración a raudales... Realmente es muy triste, todo lo que estamos viviendo es muy desalentador.

Quiero contaros mi historia y necesito hacerlo de la manera más sincera y clara que pueda, desde el corazón más abierto y franco. Os voy a narrar cómo este maldito bicho ha truncado el buen camino que tenía delante de mí y de cómo éste, parece ser capaz de arrebatarme todo aquello por lo que he luchado con tenacidad y pasión, os relataré desde el principio de su aparición hasta mi presente, pero antes déjenme explicarles con ligeros y livianos detalles, el contexto de mi situación:

(paréntesis) diez relatos desde una cuarentena

Mi historia

Me licencié en Historia del Arte hace bastantes años además de superar un par de másteres en la Universidad de Castilla -La Mancha, a día de hoy, treinta y cinco años llevo ya a mis espaldas, me sentía bien y parecía que mi vida estaba encauzándose a mejor. Todos sabemos la gran crisis económica y laboral que existía allá por el 2008, fue justo cuando acababa de licenciarme y especializarme en la obra de Cervantes "El ingenioso hidalgo D. Quijote de la Mancha" relacionándola con mi campo, el arte.

En aquel entonces los jóvenes que apenas terminábamos nuestros estudios, veíamos un futuro muy incierto y pésimo, esto lo sentíamos más aún los que estábamos metidos en el ámbito de las humanidades, tanto que algunos emigramos al extranjero para quizás de este modo, llevar una vida digna e independiente. En mi caso tuve que viajar a Alemania y ponerme a trabajar de cocinero en uno de los hoteles que había en la maravillosa ciudad de Regensburg (Ratisbona). Mi experiencia lejos de mis perspectivas e ilusiones, y muy a mi pesar, no fue para nada satisfactoria, tuve menos suerte que algunos de mis compañeros, y por engaños y fraudes por parte de mis superiores, no me quedó más remedio que regresar a casa.

De nuevo en mi hogar, ya en España y viendo que el tiempo no esperaba a nadie, decidí prepararme para unas oposiciones e intentarlo en el campo de la docencia, siempre me ha gustado el hecho de enseñar, pero éstas acabaron quemándome a más no poder debido a meses y meses de estudio que no sirvieron para nada; a mi parecer, por el injusto baremo de calificación y puntuación de las mismas, y yo... seguía sin tener un futuro claro y sin ingresos.

Mientras y después de esto, decidí entrar a formar parte de un grupo de personas muy particulares e interesantes, cuyo nombre es "Academia Ciudad de las Escaleras"; una academia de pintura cuyo "capitán" o mejor dicho maestro, y con el paso de los años definitivamente ya amigo, Manuel Plaza Trenado, del que fui como una esponja, es a día de hoy, el que me ha abierto puertas y enseñado todo lo qué sé relacionado con mi profesión y a lo que quiero dedicarme el resto de mi vida, ser pintor y enseñar a pintar.Ha sido un gran apoyo y todo un ejemplo de referencia para mí. Con esfuerzo y miles de horas de trabajo lo he estado haciendo hasta ahora, incluso llegando a poder vivir de ello, algo realmente difícil en nuestra sociedad, una cada vez menos humana. Creía haberlo conseguido, había conseguido vivir de lo que me enamora, hasta que hace unos cuarenta y cinco días apareció este monstruo peligroso e invisible…, maldito demonio.

Os contaré mi día cotidiano justo cuando supe de él por primera vez. Desperté ese lunes como cada jornada a las siete de la mañana, gracias a que nunca olvido configurar el despertador la noche anterior y de este modo, obligarme a abrir los ojos y ponerme en funcionamiento cuanto antes, con el mero propósito de aprovechar las horas de luz todo lo que pudiese, ese día era 9 de marzo de este año 2020. Después de prepararme y tomar café y tostada de desayuno, me dirigí como era habitual a mi estudio, allí por las mañanas me dedicaba a pintar encargos que la gente me ordenaba y además, preparaba exposiciones que tenía programadas ya y otras venideras, era realmente reconfortante y satisfactorio. Desde hace años me sentía feliz de dedicarme y trabajar en lo que me ilusiona y apasiona. Para mí no había domingos, trabajaba siempre que podía pues, aunque yo lo entendía como un trabajo, mi corazón no lo sentía así, de modo que no me costaba esfuerzo ni pesar ponerme a "trabajar". Soy una persona que se conforma con poco para vivir, pero no conformista del cómo se vive. Considero que hay que luchar por hacer en la vida lo que a uno le haga sentir pleno y completo, aunque no consigas hacerte rico con ello… La riqueza es otra cosa, es sonreír por el día que te espera y no pensar que la semana comienza de nuevo con un lunes, algo tan simple como eso puede hace feliz al ser humano, creedme.

Como os decía, me encontraba en mi estudio preparando mi paleta de colores y pensando qué capa de base le daría a esa obra, un nuevo encargo, fue entonces cuando las primeras noticias que escuché sobre este repugnante virus llegarían a mis oídos a través de la radio que me acompaña cada mañana.

—… *España suma ya treinta muertes y hay más de mil doscientos casos confirmados* —Pude escuchar al locutor con un ánimo preocupante— *Este virus originado en la ciudad de Wuhan (China) y que, en Europa, ya contabiliza numerosos casos en Italia, Francia y Alemania, y ahora por desgracia se suma a sus estragos nuestro país. Este lunes además, España ha pasado al escenario de "contención reforzada" contra el COVID-19—.* Escuchaba esto y me apenaba, pero no esperaba que una historia de película apocalíptica como podría ser una pandemia, podría ocurrirnos hoy en día, me parecía algo de muy de ciencia ficción, imagino que sería porque algo así jamás lo habíamos vivido y mi ignorancia no sabía realmente lo serio y preocupante de tal asunto.

Estuve toda la mañana escuchando las noticias mientras pintaba, en todas las emisoras nos informaban de la posible repercusión de tal hecho, hasta que llegó la hora de la comida y comí mientras veía un capítulo de mi serie favorita "Los soprano". Debo deciros que llevo ya cerca de diez años sin ver televisión, tal es cierto esto que la tengo guardada y protegida dentro del armario envuelta en una sabana vieja; fíjense que incluso este virus conseguirá en díasaumentar mi interés en ver de nuevo la caja tonta después de tanto tiempo, eso sí, siempre con una mirada crítica rigurosa.

Terminé de comer y me dormí como cada día para descansar un poco durante treinta minutos, me gustaba hacerlo antes de ir a la galería de arte e impartir mis clases de pintura. De nuevo el sonido de gaviotas y de barcos me despertó, es el sonido que escogí poner a mi amigo el despertador y sí, lo sé, es tremendamente extraño, pero lo llamo amigo porque en más de una ocasión si no fuese por él, habría llegado tarde; el ser humano es capaz de hacer aparatos técnicos realmente útiles…, otros son todo lo contrario.

Después de preparar mi caballete y mi mochila con mis herramientas de trabajo, me dirigí hacia la galería, cada día esperaba tener un poco de suerte y encontrar aparcamiento rápido, me gusta cuando la tengo y consigo quince minutos más para poder tomarme un carajillo antes de entrar a impartir las clases, siempre que tomo uno me acuerdo de la imagen de mi abuelo ya fallecido tomando pequeños sorbos cuando me quedaba a dormir en su casa siendo pequeño; creedme si os digo que este elixir me da la vida después de la diminuta siesta que, a veces, me levanta con más sueño que con el que me dormí. Además, me encanta hacerlo cerca de la galería en un bar muy antiguo y añejo, en el que una vez dentro, os aseguro que es realmente acogedor. Siempre y sin fallar un solo día, en dos mesas apartadas al fondo del local, dos grupos de ancianos juegan y a veces también discuten al mus, recordándome la importancia de los amigos, yo por fortuna tengo ocho desde muchísimos años atrás, prácticamente de toda la vida.

Ya en la galería mi olfato me decía que algo no iba del todo bien, no habían asistido todos los alumnos que acostumbro, debo deciros que la mayoría superan los cincuenta años de edad y que además, el tema de conversación estuvo relacionado con este monstruo durante las tres horas de clase. Pude notar ya cierta sensación de preocupación en el ambiente que hizo que al acabar la clase, me dirigiese para mi vehículo y mientras conducía hacia mi lugar de residencia (el campo), pensase continuamente en cómo me podría afectar ya no sólo a mí, sino a todos en general. Reflexioné que quizás nos auguraba un mal mayor, algo horrible para nuestra sociedad.

Los días pasaron y el asunto iba cada vez peor, las noticias de confirmados y fallecidos por el virus aumentaban, aún así el estado de alarma total aún no había entrado en vigor, de hecho, había diferentes opiniones tanto oficiales como extraoficiales de la gravedad de este asunto llegando a comparar el COVID-19 con la gripe común que ya coexistía con nosotros. Es cierto que se parece en síntomas y en número de fallecimientos por ambos si nos basamos en datos de aquel entonces, pero el hecho de ser un virus nuevo y sin vacuna alguna, lo hacía más peligroso..., a día de hoy lo sigue siendo, descubriendo además la facilidad del virus por mutar.

(paréntesis) diez relatos desde una cuarentena

Martes…, miércoles…, jueves…, viernes…, todos los días descendía el número de alumnado en mis clases y sin embargo, los confirmados y fallecidos en la sociedad aumentaban. La gente estaba algo confusa, pues a través de las noticias tanto prensa como televisión, no decían nada de quedarse en casa de una vez por todas, de un confinamiento total, imagino porque es algo nuevo para todos y es difícil tomar decisiones tan descomunales como parar a un país entero. Además, la gente tiene necesidades y es evidente que el trabajo, que es el que lleva el pan a nuestras casas, hacía que las personas a pesar del miedo siguiesen haciendo sus tareas, incluyéndome a mí, con preocupación eso sí, pero sabiendo cada uno que hay que llevar a sus hogares lo necesario para vivir. Con los datos que se presentaban a diario, era evidente que de un momento a otro el confinamiento total era inmediato…, y así fue, lo que durante toda nuestra vida habíamos visto en películas apocalípticas de ciencia ficción, ahora era una realidad, era un hecho.

A través de los medios de comunicación, el 14 de marzo de este mismo año entró en vigor el estado de alarma total, algo sin precedentes y que sería la primera cuarentena que viviríamos en tiempo modernos, algo realmente extraordinario y triste…, muy triste. Sólo abrirían comercios de alimentación y primeras necesidades, farmacias y hospitales, todo controlado por el sistema de seguridad del estado, evitando salir todo lo que se pueda sin motivos realmente importantes, sancionando a aquellas personas que se saltasen las normas otorgadas por el gobierno central.

Como la mayoría de los españoles, pensamos en sobrevivir, pues no sabíamos hasta donde llegaría esto, en nuestro caso, decidimos hacer una compra de necesidades con la que podríamos aguantar al menos dos semanas, pero de una forma tranquila y responsable, echando al carro de la compra lo esencial y básico sin volvernos locos y pensando en las demás familias, simplemente nos regíamos por el consejo del gobierno de salir de casa lo mínimo posible, de esta manera el riesgo de contagiarnos sería muchísimo menor, además tenía una preocupación exagerada debido a que mi padre era un enfermo crónico de pulmón y es que el COVID-19, afectaba a éstos y ancianos más que a los demás, siendo su riesgo de muerte prácticamente del cien por cien, a pesar de ser esto así, veo a mi padre con ojos de niño cuando observaba en los dibujos animados a *Mazinguer Z*, super-poderoso capaz de vencer a cualquier enemigo, si pudieseis ver la pasión que pone en entender el campo y su huerto para que este salga adelante, os quedaríais maravillados con su sabiduría y fuerza, de él he aprendido millones de cosas que sé que en un futuro me ayudarán en mi vida, tanto personal como profesionalmente.

Tras ese inciso sobre mi padre, creo que esto lo estamos haciendo bien, pues he salido de casa tres veces en cuarenta y cinco días. Me llama sumamente la atención el hecho de ir a hacer la compra y ver ese miedo que existe, casi se puede respirar, personas respetando las distancias unas de otras, y siempre con guantes y mascarillas en silencio…, yo que soy una persona muy extrovertida y social, me entristece el no ver a la gente interactuando entre ellas ni poder relacionarme de forma libre con el resto.

Imagino que el día de mañana me tocará explicarles a mis nietos todo lo ocurrido o simplemente le daré este escrito con la mera intención de concienciarlos de lo que es ser un hombre libre y social, sobre todo querría enseñarles como debe ser un buen ser humano y que lo verdaderamente importante son las vidas. Les hablaré del miedo de millones de personas por todo el mundo por el mismo motivo, por esta pandemia que nos ha sumergido en un descontrol total, donde familias enteras han perdido su trabajo, otras por desgracia han tenido que despedirse de familiares sin ni siquiera poder ofrecerles un sepulcro digno y cercano, un país sin un futuro claro. Lo que sí sabemos es que España y el mundo entero, entrará en una recesión económica de la que saldremos con millones de dificultades en muchos años si las cosas se hacen bien, y sólo espero que de esto aprendamos algo bueno.

A pesar de que todo es un desastre y que las calles de ciudades enteras están ahora vacías, hay algo que me gusta sentir y es que quizás estaba algo equivocado con el ser, no todo lo que he visto es negativo, he podido sentir algo de humanidad en nuestra sociedad, personas que se ayudan unas a otras, he visto ayuda desinteresada por el hecho de peligrar la vida de los demás y sectores que pasan desapercibidos, demostrar a la sociedad que son realmente necesarios y esenciales, trabajadores exponiendo sus vidas para que no nos falte de nada, o apreciar a nuestros técnicos sanitarios como verdaderos héroes en este punto azul, estando en primera línea de batalla contra este gigante enano y cuidando de personas salvando vidas, y no unos hombres que salen por televisión vestidos con medias rojas, azules o negras, echando telarañas de las muñecas o rayos por los ojos y llevan tapado el rostro con máscaras muy bien encajadas.

En cuanto a mi persona deciros que al igual que muchos de vosotros, me ha afectado de mil maneras, por fortuna no he perdido a ningún ser cercano, pero sí he perdido mi trabajo y creo que dedicarme de nuevo a dar clases será difícil al menos a corto plazo, pues el miedo a las aglomeraciones aún persistirá en un futuro inmediato. Me levanto pensando y preguntándome qué día es hoy y que estaría haciendo si no estuviésemos metidos en esto, por suerte puedo seguir trabajando y pintando obras, aunque la mayoría de mis encargos me los han cancelado, comprensible si pensamos que la gente está mal económicamente y el arte no es un bien de primera necesidad, aún así imagino que yo como otros muchos, deben seguir elaborando proyectos y haciendo actividades en casa, porque si no, nos volveríamos locos encerrados entre cuatro paredes. Si os soy sincero dentro de lo que cabe me siento un privilegiado al no vivir en un inmueble completamente cerrado, tengo campo donde poder hacer algo de ejercicio, tomar aire fresco o simplemente que me dé el sol en la cara, he vuelto a mi niñez sacando de viejos armarios canicas y trompos con los que juego junto a mis padres y hermana, algo que es una delicia y hace que nos evadamos de la terrible situación, trayéndome recuerdos de mi infancia de cuando íbamos todos los primos a dormir a casa de mi abuela en el pueblo, y jugábamos al "Guas" y a la "Pocha".

Además de pintar, sigo ayudando a mis alumnos en la medida que puedo guiándolos en sus pinturas a través de fotografías y mensajes por teléfono, es curioso cómo se preocupan por mí a pesar de que no llevamos mucho tiempo trabajando juntos, en estas clases se forman lazos muy estrechos y sinceros, tengo una alumna en particular que es un torbellino.A pesar de que ronda los setenta años, obsesionada en si me estoy alimentando bien, es algo que me produce una dulzura y gracia al mismo tiempo, pero me encanta. He decidido retomar algo que había dejado y aprender a tocar la guitarra de nuevo y seguir con mi otro oficio, por las noches suelo hacer algo que descubrí hace pocos años y también me ha cautivado, escribir libros, publiqué mi primera novela "Un rincón de Catania-Dos corazones y un elefante" hace relativamente poco, unos ocho meses atrás, ahora estoy con mi segunda novela en proceso, ya os dije que soy "un culo inquieto" siempre buscando nuevos proyectos en el ámbito del arte. Al igual que yo otras personas en sus casas habrán descubierto alguna afición nueva o incluso nuevos proyectos e ideas a nivel laboral para el futuro y más fáciles de adecuarlo a los nuevos tiempos que vienen, incluso amigos míos se han hecho youtubers, un concepto que mis padres ahora también han descubierto y se han puesto al día con las posibilidades de internet, mi madre no para de ver videos de recetas de cocina en esta plataforma. Al igual que yo, creo que otros algún que otro kilo estamos ganando, sólo hay que ver lo difícil que es comprar harina en los supermercados, ahora pasamos muchísimo tiempo en casa y la cocina es algo que a mucha gente le entretiene y gusta, pero con la veloz y estresada vida que tenían antes de esto, les era imposible emplear tiempo en ella.

Sólo espero que todo esto pase pronto, que de nuevo cada familia se sienta tranquila y sin miedo al peligro invisible que está en nuestras calles. Parece que poco a poco todo vuelve a la normalidad a pasos de hormiguita, pues los contagiados y números de fallecidos están descendiendo pero sin dejar de haberlos. Ahora más que nunca no podemos dormirnos en los laureles, y seguir siendo responsables para evitar una subida de éstos. No sé si habrá sido por presiones económicas, pero han dado aviso que ya los niños pueden salir una hora a dar paseos durante el día, eso sí siempre respetando las normas dadas durante el confinamiento. Además, algunos servicios vuelven a ponerse a trabajar, siempre de necesidades básicas, los demás teletrabajan o las empresas han presentado un ERTE, el paro ha aumentado de forma escandalizada, algo normal en esta situación…, ya veremos cómo somos capaces de salir de esta.

La sensación que tengo ahora mismo es la de incertidumbre, me preocupa el futuro como a tantos otros, parece que de nuevo estoy en el punto de inicio esperando el devenir, el cómo será, si seré capaz de nuevo a dedicarme a lo que hacía antes de todo este asunto, si la vida en general para todos volverá a ser lo que era, algo difícil creo yo hasta que no pase bastante tiempo o al menos, hasta que descubran una vacuna eficaz. Es incertidumbre porque nadie sabe cómo se va a seguir desarrollando todo, es algo grande y nuevo que nos desborda, sólo espero que no se alargue durante años y años, pues creo que nuestras vidas no serán lo que deberían haber sido. Cuantos talentos se podrán perder por el camino, cuántas familias habrán quedado destrozadas, en definitiva, cuantas oportunidades habremos perdido, quizás nos tocará ser avispados y adecuarnos a modo de simbiosis con lo que está por llegar, no se sabe a ciencia cierta.

Sólo espero ser capaz de no venirme abajo y, conociendo lo cabezota que soy, no me daré por vencido y seré persistente en mis pasos firmes, como tantos otros, seremos tenaces e inteligentes para conseguir una vida a fin a nuestra forma de entender la viveza humana, una experiencia vital elegida por nosotros mismos aunque tengamos que adecuarnos a cualquier situación por difícil que sea, la ilusión, la esperanza y las ganas de vivir jamás la perderé, jamás me rendiré y seré feliz, estoy convencido de ello.

(paréntesis) diez relatos desde una cuarentena

4

CUANDO LA BURBUJA EXPLOTA

por Laura Bahillo

Me llamo Laura, tengo 26 años y soy de Madrid. Soy enfermera desde hace cinco años y especialista en enfermería pediátrica desde hace casi dos. Recientemente una amiga me dijo que soy más cerebral que visceral, pero que detrás de ese gesto de autocontrol hay sentimientos, sensaciones, miedos y preocupaciones, los cuales hoy, a través de las siguientes palabras voy a intentar transmitir.

Me encontraba exactamente a 6.692 km de mi casa cuando todo esto comenzó. El primer caso de coronavirus en la Península (había tres casos previos en las islas) se confirmaba públicamente el día 26 de febrero. Cinco días antes estaba cogiendo un avión junto a siete enfermeras más con destino a República Dominicana.

Hablaré en plural porque la experiencia en

dominicana la vivimos de manera conjunta. Volamos ocho enfermeras desconocidas que pasaríamos a ser amigas que compartiríamos una de las experiencias más inolvidables de nuestras vidas. Vivir juntas sin separarnos un solo momento durante veintitrés días nos unió. Probablemente las circunstancias de la situación en España, la incertidumbre y los miedos, nos unieran más. Ese momento de desconcierto que el resto de la gente vivió rodeada de familiares y amigos tuvimos que compartirlo con personas que días antes eran completamente desconocidas. Las dudas y miedos que le iban surgiendo a alguna de nosotras, pasaban a ser nuestras propias dudas y miedos.

Viajábamos para realizar las prácticas de un programa en *Experto en Cooperación Internacional para Enfermería* y comenzábamos nuestra formación en terreno durante veintiun días, ésta erala parte más esperada desde que nos matriculamos. Teníamos el vuelo de vuelta el 14 de marzo, una fecha cualquiera en el calendario, sino fuera porque ese día se declararía el estado de alarma en España.

Durante aproximadamente los primeros diez días, el tiempo pasaba con normalidad: reuniones con autoridades, preparación e impartición de charlas de educación para la salud en hospitales y colegios, visitas al *ancianato*, visitas a poblaciones de escasos recursos, etc., eran nuestro día a día profesional y de trabajo. Merengue, bachata, salsa, *mamajuana*, jugo de chinola, *"Salto del Limón"*, avistamiento de ballenas, etc., nuestro ocio. Estábamos tan absortas empapándonos de toda la cultura dominicana que la información que nos llegaba sobre el Coronavirus pasaba a un segundo plano. No había preocupación,seguía siendo "como una gripe", algo que ocurría a miles de kilómetros en una ciudad de China que ni por asomo llegaría a pasar en España.

Que tire la primera piedra quien no haya pensado esto en algún momento. Igual esta idea nos duró más tiempo que si hubiéramos estado en España, no lo sé. Igual nos hubiéramos preocupado por tener más información, tampoco lo sé.

El Coronavirus ocupaba en torno a diez minutos de nuestras conversaciones de todo el día. Nosotras vivíamos en nuestra burbuja dominicana, con toda esa emoción con la que se experimentan todas las primeras veces.Sin embargo poco a poco, esos diez minutos pasaron a ser quince, treinta… y acabó por ser tema principal de todas las conversaciones. No sabría decir cuándo ni cómo, pero

(paréntesis) diez relatos desde una cuarentena

poco a poco empezó a entrarnos el miedo.

Mucha información, muy diferente, muchos bulos y sobre todo, muchos kilómetros de distancia. Nos llegaba información de nuestras amigas enfermeras que trabajaban en España y por tanto la suya eramás veraz para nosotras que la que nos llegaba a través de redes sociales. El problema era real, la población en España empezaba a ser consciente, pero allí a tanta distancia, donde apenas había tres casos y estábamos ocupadas gran parte del tiempo exprimiendo la experiencia al máximo, seguía sintiéndose irreal.

Cuando nos quedaba allí poco más de una semana fue cuando empezaron los rumores de que se iban a cerrar las fronteras. –«¡No, no es posible!»«Avisarían con tiempo, podríamos cambiar los billetes de avión,pues nos quedamos aquí, estamos mejor que en España», eran frases que nos repetíamos unas a las otras, sin ser conscientes del todo de la magnitud del problema. Aunque realmente, ¿quién lo era a esas alturas? Familiares y amigos diciendo que nos quedáramos allí: ¿de verdad?, ¿en broma? No sabíamos la repercusión que iba a tener a nivel mundial y quedarnos allí llegó a ser una opción en nuestras cabezas.

La realidad día tras día golpeaba más fuerte, como

si nos estuviera preparando para la vuelta. Personalmente, mi batacazo de realidad fue el día que de camino a dar una charla sobre sexualidad en un colegio, me llegó un whatsapp de mi equipo de baloncesto: *se cancelaban los entrenamientos y se suspendía la liga.* Es curioso como algo que a muchas personas les puede resultar tan banal fuera lo que me devolviera a la realidad.

Aumentaban las muertes, el caos y la saturación del sistema sanitario, el teletrabajo, los factores de riesgo.Familiares directos de mis amigas tenían enfermedades importantes de base, la preocupación aumentaba.

–«Venga chicas, nos quedan aquí dos días, vamos aintentar disfrutarlos sin pensar demasiado».

–«Prohibido hablar sobre el coronavirus el resto del día».

–«Las próximas dos horas sin coronavirus por favor, ¡que ninguna mire el móvil!»

Imposible. Volver ya era una necesidad. Un día más y la angustia hubiera superado nuestras ganas de aprender y disfrutar del país, tuvimos suerte.

Llegó el 14 de marzo, día en el que en España se declara el *Estado de alarma*. Prohibido salir a las calles. La gente sale por primera vez a aplaudir a las ventanas. En República Dominicana, nos enteramos de la noticia, casualmente, sentadas en un banco en la Plaza de España de Santo Domingo, con las mochilas y haciendo tiempo para coger el avión. Vemos los primeros videos de los aplausos a nuestras cinco de la tarde,los pelos se nos ponen de punta.

Nos despedimos, felices, de esta experiencia con final amargo. Bendita suerte que nos tocara ir en el primer grupo de prácticas, los siguientes grupos fueron cancelados. Nuestra burbuja dominicana se iba a romper en cuanto bajáramos del avión en Madrid. Sabíamos que íbamos a trabajar en el hospital en primera línea.

•••

Llegué a Madrid el domingo 15 de marzo a las doce de la mañana. ¿Cómo me imaginaba la vuelta antes de que todo empezara? Mis padres vendrían a recogerme al aeropuerto, nos abrazaríamos, quedaría con mis amigas, contaría mi experiencia. Evidentemente no fue así. Vino mi hermana Marina a buscarme, nos miramos dubitativas,

¿nos podemos abrazar? Nos abrazamos. Ambas vivíamos independizadas, pero Marina se había instalado con mis padres ya desde hacía varios días. Fuimos a casa. Durante el trayecto (apenas quince minutos) yo no tenía más que preguntas sobre el coronavirus y toda la nueva situación. De repente, ella me preguntó:

– ¿Por cierto, el viaje qué tal?

República Dominicana había pasado ya a un segundo plano, de golpe me olvidaba por un instante de todo lo que había vivido. Madrid estaba completamente vacío.

El año pasado estuve realizando un voluntariado sanitario por Ecuador durante 40 días. Cuando volví tuve una especie de depresión post-vacacional durante varios días, lo típico. Esta vez no la he tenido, no me ha dado tiempo.

Curioso. Mi cabeza tenía muchas otras cosas dentro.

Primer dilema,¿y ahora qué? Este es el diáologo interno que mantenía dentro de mi cabeza:

–«Vale Laura, céntrate. Hace casi cinco años que

acabaste la carrera, y desde entonces solo has trabajado con niños. Te fuiste a dominicana sin trabajo, así que mañana lunes llamas al hospital a ver si hay algún contrato en el hospital infantil, y si no pues donde haga falta. Ve asumiendo que te va a tocar trabajar con adultos». Segundo dilema, ¿dónde vivir, dónde pasar todo esto? Así me contestaba a mí misma:

–«Ahora mismo estás en casa de tus padres, y tan a gusto, pero cuanto te llamen para trabajar en el hospital te vas a tu piso con tus compañeras».

Si me contagio prefiero pegárselo a ellas, veinteañeras y sanas, que a mis padres que corren un mayor riesgo de complicación. Está feo que lo diga así, pero era la realidad. Sabía que lo entenderían, pero no por ello dejaba de darle vueltas en la cabeza. La sensación de culpa ahí estaría si pasaba algo.

Efectivamente al día siguiente de mi vuelta llamé.Tras pasar tres días nerviosa esperando la llamada que dijeron que me harían desde el hospital, -me pidieron paciencia porque tenían mucho lío-, el teléfono sonó: un contrato en una planta de pediatría pero que dadas las circunstancias me reubicaban a una planta de COVID-19.

Ya podía afrontar el siguiente paso. No sabía si me daba más miedo trabajar con adultos o con Coronavirus.Me fui a mi piso el día 19 de marzo, día del padre y cumpleaños de mi abuela, despidiéndome de mis padres y hermana sin saber, conociendo el riesgo que supone trabajar en el hospital, cuando podría volver a abrazarlos.

Llegó el primer día de trabajo. Amigas enfermeras me habían avisado, pero hasta que no lo ves, no puedes entenderlo que pasa. Menuda sensación la de entrar al hospital y que haya tan poca gente, todo el mundo con mascarillas, los bajos de los pantalones del pijama recogidos con esparadrapo, o en su defecto con los calcetines por encima del pantalón, y la parte de arriba del pijama por dentro. Nadie se toca. Casi ni se miran. Mucho silencio. Se respiraba tensión, tristeza.

Mis nervios y yo cogimos el ascensor eterno hasta la última planta del hospital. Se había convertido en *planta de Coronavirus* hacía escasamente dos días. El personal tanto de enfermería, como médicos éramos una mezcla de gente que venía de muchos servicios diferentes, desconocidos la mayoría. La forma de trabajar era nueva para todos, protocolos nuevos, tratamientos que cambiaban de un día para otro, descubrir aspectos nuevos de la enfermedad cada día, tener que usar el famoso EPI (Equipo de Protección Individual), el riesgo a contagiarte. Parece que teníamos todo en contra, y sin embargo puedo afirmar sin ninguna duda que es el sitio donde mejor trabajo en equipo he tenido. Enfermeras, auxiliares, médicos, celadores, personal de limpieza, todos remando a una. Dicen que las adversidades unen, ¿no?

El primer día volví llorando a casa. Primer turno y primer fallecido. No era la muerte en sí lo más duro a lo que nos íbamos a enfrentar, pero ahí aún no lo sabía, era a la muerte en soledad, y cuando no toca. Familias expectantes con la esperanza que el teléfono sonara con alguna buena noticia. Pacientes angustiados porque no sabían de los suyos, o angustiados, porque sí conocían su situación. Pasamos a ser su todo, sin que nos prepararan para ello, sin que hubiera tiempo. Fue un papel difícil de desempeñar, como estar fuerte y mostrarse optimista ante el enorme gigante contra el que estábamos luchando.

Otro aspecto con el que me tocó lidiar al principio, y me consta que a gran parte del personal sanitario, fue la sensación de deshumanización del cuidado. Los pacientes fueron muy comprensivos siempre con toda la situación pero a pesar de recibir los agradecimientos por su parte, el hecho de que no te pudieran ver la cara al entrar en la habitación o entrar en la misma solo para lo mínimo nos hacía alejarnos de lo que es la enfermería y del cuidado humanizado al que estoy acostumbrada. Sin embargo, intentábamos suplirlo de otras formas, dándoles los buenos días por megafonía, poniéndoles alguna canción, o simplemente escuchándoles y transmitiendo el máximo apoyo en el poco tiempo que pasábamos por la habitación. Tuvimos que reinventar el cuidado y la forma de darlo.

Tengo la suerte de vivir a treinta minutos andando del hospital, sin nadie por la calle es una gozada la verdad, a quién vamos a engañar. Al principio aprovechaba los caminos de vuelta para analizar un poco la situación y lo que había vivido. Durante el turno a veces no nos daba tiempo a hacerlo. Con el paso de los días, deseché el análisis de vuelta a casa. Decidí no pensar demasiado. El sufrimiento iba a estar ahí igualmente,afrontar el día a día, trabajar lo mejor que sabía y/o podía dada la situación, salir del hospital, y desconectar. Elegí nada de televisión al llegar a casa, ya tenía suficiente con lo que vivía en el hospital. Algún día preguntaba a mi compañera de piso cómo iban los contagios y las muertes, y ya está. Aunque no es fácil desconectar, y como intentaba no pensar en ello durante el día, entraba en mi cabeza por la noche y dormía muy mal al principio. Sé que no soy la única. He tenido muchos sueños sobre el hospital, sobre pacientes reales, conocidos ingresados e incluso soñé que un amigo fallecía por Coronavirus.

Han sido turnos intensos y agotadores, tanto a nivel mental, como físicamente. Pero no he trabajado más de las horas que me correspondía trabajar. También he tenido a disposición los equipos de protección individual adecuados. Y aunque debiera haber sido así para todo el mundo, por desgracia, no lo ha sido, por lo que me siento afortunada.

Dentro de todas las vivencias, por supuesto, llegó el día en el que me subió la fiebre unas décimas.

–«Vaya, ya está, me he contagiado. Ahora sí que voy a experimentar el confinamiento de verdad. Ojalá no haya contagiado a mis compañeras».

Tres días con dolor de cabeza y febrícula. Me hacen la prueba, se lo cuento a mi hermana:

– Marina, no se lo cuentes a mamá y papá hasta que no sepa el resultado.

Por suerte el resultado fue negativo. Así que vuelta al trabajo, menos mal. ¿Sería un falso negativo? Quién sabe.

Poco a poco todos nos fuimos adaptando, la situación se fue controlando, los sueños fueron desapareciendo, y de repente, llegó la noticia:*la planta va a dejar de ser de pacientes infectados porCoronavirus y vuelve a ser planta de oncología.*

–«¿Qué, …ya?» Qué sensación tan rara. En parte no quiero que termine.

–«Pero que dices Laura si es muy buena noticia».

– «Lo sé, pero voy a echar de menos trabajar con este equipo». Era paradójico que sintiera que personas que había conocido apenas hace un mes y medio fueran las que mejor entendieran por lo que estaba pasando. Tocaba cerrar otra etapa más de esta locura.

Como todos, echo de menos muchas cosas: a mi familia, tomar unas cervezas con mis amigos, ir al pueblo, jugar al baloncesto, o simplemente moverme con libertad. Es lógico, pero todo eso lo recuperaremos. En verdad también me siento afortunada por no estar viviendo realmente un confinamiento. No siento ansiedad en casa porque puedo salir a trabajar. No me aburro porque cuando vuelvo de trabajar o los días libres que tengo los aprovecho para leer -hábito que acabo de retomar-, ver series y películas, hacer ejercicio en casa, jugar a las cartas con mis compañeras de piso, cocinar cosas nuevas -ya no tengo *tuppers* de mi madre-, escribir, hacer videollamadas, ordenar cosas o simplemente descansar. Todavía me faltan días de confinamiento para atreverme a retomar la guitarra que tengo aparcada en la esquina de la habitación.

–¿Os suenan todas estas actividades,no? Nada del otro mundo.

Todo el mundo puede permitirse algún día malo dentro de toda esta locura, pero hay que aprender a relativizar. Soy muy consciente de todas las desgracias que ha traído esta pandemia, por eso, doy las gracias porque no me ha tocado ninguna de cerca. Espero realmente que esto genere un poco de conciencia social, y nos haga más sensibles y solidarios con los problemas ajenos.

Ahora mismo, en el presente, sentada en mi habitación escribiendo y recordando todas las fases y preocupaciones que fueron sucediéndose en tan poco tiempo, me doy cuenta de que todos los planes que tenía a corto y medio plazo se congelaron. Ni si quiera me paré a pensar en ellos. No tocaba, ya llegaría. Justo antes de viajar a República Dominicana había echado los papeles para irme a trabajar al País Vasco. El viaje a República Dominicana lo siento muy en el pasado, y los posibles siguientes planes, muy en el futuro. Nos toca más que nunca vivir en el presente.

Ayer, casi mes y medio después de la declaración del *Estado de alarma*, anunciaban la desescalada en diferentes fases y hablaban de una nueva normalidad. A veces pienso cómo es posible haber vivido tanto en tan poco tiempo.

Hoy me han llamado del hospital: mañana vuelvo a trabajar en pediatría.

5

CASTILLO DE NAIPES

por Sergio Torres

Hoy es jueves 23 de abril y el reloj del MacBook dice que faltan cuarenta minutos para acabar un Día del Libro cuanto menos atípico y puede ser un día perfecto para escribir mi primer relato. El cielo está cubierto por una gran cantidad de nubes grises de esas que descargan agua y aunque se podía salir a la calle sin chaqueta, hacía cierto fresquillo a última hora de la tarde, concretamente a esa hora a la que los aplausos ponen música a unas calles más tristes que otros abriles pasados. Como dice el gran Joaquín Sabina:*quién me ha robado el mes de abril.*

La gente muestra algo más de alegría debido a que muchos trabajadores han vuelto a sus puestos, los niños están a punto de salir a pasear, las noticias en televisión son más positivas, los fallecidos disminuyen, los recuperados aumentan a buen ritmo y los nuevos contagiados se mantienen como los últimos días, pero dice nuestro querido Doctor Simón, al que creo que le van a nombrar popularmente personaje del año, que el dato es lógico y "bueno" dentro de lo que cabe, ya que se están realizando test de manera proactiva y es normal que afloren más casos.

Vivo con un compañero de piso que se llama Javier y está a punto de venir. Está trabajando como técnico socio-sanitario en una Residencia de Personas Discapacitadas en el Barrio de Mirasierra de Madrid. Empezó a trabajar el 1 de marzo tras estar cuatro meses en el paro. ¡Qué momento eligió! Como cada noche, abrirá la puerta y dirá un "Hola" mientras despide a su madre por el teléfono. Me preguntará que tal ha ido el día y se tumbará en el sofá a ver Supervivientesmientras se fuma un cigarro de liar de la marca Pueblo y se bebe una cerveza Mahou Cinco Estrellas, o dos si viene con sed.

Vivimos en el Barrio de Ibiza de Madrid, en el Distrito del Retiro. A doscientos metros al este se encuentra el Hospital Gregorio Marañón; a cien metros escasos al oeste el Parque del Retiro, a trescientos metros al norte tenemos Goya; y al sur nada importante que yo sepa de momento. Nuestro piso es coqueto, situado en la primera planta de un edificio que data de 1930 y que seguramente vivió tiempos mejores. Ha conocido una república, una dictadura y tres reyes. No sé si conocerá un cuarto reinado o una tercera república. No obstante, fue remodelado hará tres o cuatro años: los muebles son blancos, y en su totalidad, comprados en Ikea, las paredes son como de una crema morada muy suave que proporcionan claridad. Y menos mal, ya que es un piso de interior y la luz natural destaca por su ausencia. Para ver el día que hace antes de salir a la calle hay dos opciones: la primera consiste en asomar la cabeza por la ventana y mirar hacia arriba por el patio de luces sabiendo que solo verás nueve metros cuadrados de cielo; y la segunda en buscar en Google "tiempo Madrid".

Esta mañana me levanté tarde y, como todas las mañanas, me he preparado un vaso de leche con Nesquik y dos tostadas que voy cambiando a diario según antojos: un día con miel, otro con aceite y sal, y otro con tomate y atún. Mientras desayunaba se me ha ido la vista atrás, concretamente a febrero de este año y aunque solo han pasado dos meses, parece una eternidad. Lo recuerdo como un mes muy intenso. Trabajo en el departamento de eventos de una cadena hotelera, tarea que compatibilizo con colaboraciones puntuales con universidades, y escuelas de turismo y hostelería. Además, a mediados del mes de diciembre de 2019 inauguré junto a otros dos socios, Álvaro y Eduardo, un Café Teatro en Madrid, justo en el barrio de Chamberí y a escasos metros de Alonso Martínez.

Es un Café de dos alturas, en la planta inferior se encuentra una zona con sofás y mesas, una barra, un piano y un pequeño escenario. En la parte superior, la cual está enmoquetada, hay mesas y sillas y tiene una forma de palco que le otorga cierto parecido al Palacio Real. La mitad del local está pintado en color crema y la otra mitad es de madera de pino que, junto a una chimenea, proporciona un ambiente cálido y acogedor. Además, la barra tiene también una cubierta del mismo material y tenemos escondido a San Pancracio, el Santo del dinero. Un amigo mío pintor, que se llama Miguel y al que habeís leído dos capítulos atrás, nos prestó doce obras que las tenemos en exposición y mi padre nos cedió diez fotografías en blanco y negro, regalándonos también los marcos. Así lo tenemos decorado. Por cierto, se llama Café Frida.

(paréntesis) diez relatos desde una cuarentena

Desde los inicios del proyecto teníamos claro que tenía que ser un sitio donde toda manifestación cultural tuviera su hueco. Queríamos hacer una programación de eventos que fueran desde monólogos a conciertos en acústico, pasando por microteatro, presentaciones de libros, entre otros.

Fue en febrero cuando empezó a escucharse en la prensa la aparición de un nuevo virus en China, la verdad que no le di mayor importancia, ya que los periódicos decían que simplemente era una nueva especie de gripe y nada alarmante. A mí me preocupaban los eventos que teníamos programados en ese momento: el viernes 14 de febrero cantaba Don Alberto Pestaña en dos turnos y con un público nuevo para nosotros, la tercera edad. Me sorprendió bastante la cantidad de gin-tonics que se vendieron y recuerdo una anécdota con una mujer cercana a sus ochenta años.

—«¿Hay algún enchufe cerca de dónde me encuentro sentada?», me preguntó mirándome a los ojos.

—«Todos se encuentra en la pared de enfrente de la barra», le respondí con cierta curiosidad ante su pregunta.

—«Es para la máquina de oxígeno que no tiene

mucha autonomía», me dijo señalándola con el dedo y con la mirada.

—«Tenemos una alargadera y podemos traer hasta aquí corriente si es necesario», le contesté pensado en mis adentros si la alargadera estaría donde realmente tenía que estar. Una vez quitada la preocupación a la señora, y mientras me estaban llamando de otra mesa para coger comanda, le pregunté que si deseaba algo de beber.

—«Un Larios tónica pero corto de tónica», respondió la señora asintiendo con la cabeza y dándome las gracias acto seguido.

A la noche siguiente teníamos un concierto de Tango Argentino y la verdad que la previsión era de llenar, ya que Natalia, la productora del evento, nos comentó que la gente estaba respondiendo muy bien. No obstante, yo no veía que esas buenas vibraciones se tradujeran en venta de entradas por internet los días previos, así que decidí abrir otro canal de venta *online* para dar más visibilidad al evento. De las cuarenta entradas que teníamos a la venta, tres horas antes del concierto se habían vendido veinticinco. Con esa cantidad era suficiente, ya que sabíamos que en la puerta venderíamos unas quince aproximadamente y de esa forma conseguíamos un fabuloso lleno. La sorpresa vino cuando cuarenta y cinco minutos antes del comienzo recibo un email del canal que había abierto los días previos informándome que se habían vendido dieciocho más. ¡Me quedé blanco! Estábamos ante nuestro primer *overbooking* y apenas teníamos tiempo de reaccionar. Menos mal que estaba en ese momento mi amigo Paco tomándose una Mahou Sin Tostada en la barra y me ayudó a bajar de una buhardilla que tenemos más mesas y sillas que colocamos cómo y dónde pudimos. A Patri, que se encargaba de estar en la puerta controlando las entradas y el ropero, le dije que no dejara entrar a nadie que no tuviera o que no estuviese apuntada en lista. Se lo tomó tan al pie de la letra, ¡que no permitió la entrada a una de las músicas colaboradoras!

Finalmente, todo salió bien a pesar de que había algo más de gente que la recomendada y tuvimos la suerte que la actuación fue fabulosa: los guitarristas argentinos Sebastián Luna y RaulKiokio hicieron una gran actuación, así como el resto de músicos y bailarinas colaboradoras, y el público les brindaba una calurosa ovación cada vez que surgía la oportunidad.

Una vez pasado estos dos días intensos me centré en cerrar toda la programación de marzo -¡si lo hubiera sabido, el tiempo que habría ahorrado!-: cuatro eventos con TriciaAudette, cómica canadiense que realiza monólogos en inglés; el primer concierto de flamenco con el guitarrista Mario Herrero; con un vecino que se llama Antonio, un teatro leído para el Centro de Mayores de la calle Sagasta; con Joan Picó, actor y cómico catalán que había actuado un par de veces en el Café, estábamos hablando de más fechas; un cumpleaños y otro apunto; y con Leo, un hombre francés que se dedica a la formación de idiomas, estábamos hablando de continuar en marzo los Quizen inglés, que hacíamos los martes y que estaban empezando a funcionar. Sabía que marzo sería un muy buen mes y, seguramente, el primero en el que obtendríamos beneficios después de nuestra apertura.

Desde que estoy en Madrid intento bajar una vez al mes a mi tierra natal, que es Ciudad – Real. Conociendo ya que marzo me iba a tener muy ocupado decidí bajar el sábado 29 de febrero a la capital manchega. Además, ese día era el sesenta cumpleaños de mi padre y justo este año era bisiesto. No podía faltar a la comida con el resto de la familia.

Ese día desperté en Madrid y no pasé buena noche. Recuerdo que me levanté varias veces con escalofríos, había tenido una pesadilla horrible y sentía algo de dolor tanto en la espalda como en las piernas. Me noté raro, sabía que tendría algo de fiebre y seguramente gripe, al igual que tanta gente por esas fechas. Por primera vez pensé que podría tener el Coronavirus, pero al mismo tiempo pensaba que cómo me iba a pasar a mí. Era una sensación rara que me hacía estar intranquilo. Al llegar a Ciudad – Real saludé a mi padre, que había venido a recogerme a la estación de tren, como de costumbre con dos besos, y le dije que no me encontraba muy bien y que me dejara en casa de la abuela lo primero, ya que temía encontrarme peor por la tarde y quería ir a verla. Al llegar, vino a darme dos besos y le dije que no, que me encontraba mal y que mejor prevenir. Mi abuela tiene noventa y dos años y aunque está perfectamente de salud, prefería no tomar riesgos. Me dejó el termómetro, y tras cinco minutos de espera, señaló los 38 grados que confirmaban mis temores.

La conversación durante la comida, exceptuando el momento en que le cantamos a mi padre el *cumpleaños feliz*, giró en torno a mi estado de salud. Mi familia, lógicamente preocupada: venía de Madrid, que era donde principalmente estaba el foco en ese momento y todos me decían que llamase al teléfono que había habilitado la Comunidad para la gente que presentara síntomas. Seguía pensando que cómo iba a tener yo el Coronavirus.Después de comer volví a la capital, ya que tenía evento en el Café y había venido otro amigo del máster, Carlos, que se encuentra en Australia viviendo y habíamos quedado para tomar unas cervezas. No obstante, al llegar a Madrid fui directo para mi casa a descansar y aunque quería juntarme con él, mi cuerpo y mi cabeza me pedían reposo. Al día siguiente me seguía encontrando mal y bastantes miembros de mi familia y algunos amigos me llamaron para preguntarme cómo estaba. Notaba que no era como otras veces, sino que la gente se preocupaba más por lo que podría ser una simple gripe o proceso febril. Se notaba que estaba el Coronavirus en ya boca de todos. Además, los síntomas que presentaba eran similares a los que el virus provocaba y la verdad que, por primera vez, el Coronavirus empezó a quitarme el sueño.

En esos días fui al médico y de camino me entró esa cosa rara en el estómago que nos entra a todos cuando estamos nerviosos porque pensaba que, al comentarle al médico los síntomas que tenía, me harían la prueba y posteriormente, para mi sorpresa, no la realizó, alegando que tenía un simple virus corriente. Le pregunté de qué virus se trataba, ya que sentía cierta curiosidad por saber si el tan famoso Coronavirus había entrado en mi cuerpo.

–El que tú prefieras. Ahora mismo hay cientos de ellos entre nosotros –me comentó con la mascarilla y guantes mientras escribía en el ordenador. En el parte especificó faringitis, y al volver a casa sentí resignación. No soy médico ni enfermero y la verdad entiendo muy poco de todo el ámbito sanitario, aunque la gran mayoría de mi familia e incluida mi madre, pertenecen al sector de la salud, pero empecé a pensar que lo mismo que me había pasado a mi le podría estar pasando a mucha gente más. ¿Cuanta gente podría haberse contagiado sin saberlo y seguir haciendo vida normal?

A los dos o tres días y una vez ya recuperado volví por el Café y mantuve una conversación con Álvaro en la que hablamos del Coronavirus y cómo podría afectar a toda la sociedad, pero no dijimos nada de que nos fuera a afectar al negocio. En ese momento, ¿quién se iba a imaginar lo que pasaría unos días después?

El fin de semana del 08 de marzo hubo mucho ruido en las noticias por el tema del Día de la Mujer, el Congreso de Vox, partidos de La Liga, el anuncio del viernes de la Comunidad de Madrid cerrando todos los Centros de Mayores, etc. A pesar de todo esto prefería mantenerme ajeno a todo ese ruido y centrarme en el evento que teníamos el sábado que consistía en varios monólogos en inglés.

Los momentos previos a un evento requieren de mucha concentración y pueden llegar a ser algo estresantes, hasta que no comienzan no puedes disfrutar de cinco minutos para respirar. Una vez empezado el primer monólogo y tras ver que el micro funcionaba correctamente, la iluminación era la que el cómico quería y todo el público tenía su bebida, salí a la calle y me encendí un cigarro. Recuerdo que era una noche fría de marzo pero había mucha gente por la calle y más siendo sábado. Mientras fumaba y miraba el móvil pasó Antonio, el vecino del local, con su perra Tula. Estuvimos charlando sobre el Coronavirus y me dijo que, como habían cerrado el Centro de Mayores de la Calle Sagasta, tendríamos que suspender el evento que teníamos programado en marzo. Le dije que era normal y que no se preocupara. La verdad que la tercera edad fue la primera en tomar todo esto en serio y muchos ya se recluyeron en casa mucho antes de que el Gobierno lo decretase. Pasé al local y se lo dije a Álvaro, nos miramos sin decir nada, no hacía falta, ya que nuestras caras ya denotaban cierta preocupación. Al final de la noche, mientras cerrábamos volvimos a hablar sobre cómo nos podía afectar y decidimos mantenernos a la espera a ver cómo evolucionaba la cosa. Nadie se había visto en una situación así antes a nivel mundial y no teníamos referencias a las que aferrarnos. Cierto es que en ese momento me vino la típica imagen a la cabeza del famoso castillo de naipes desmoronándose verticalmente hacía abajo por la ley de la gravedad. Creo que no me equivoqué.

Pasó el fin de semana y llegó el lunes 09 de marzo con lo que creo que fue lo que realmente alarmó a toda la sociedad: la Comunidad de Madrid ordenaba el cierre de todos los centros educativos.

Por la tarde en el Café eché un cigarro con Álvaro en la puerta comentando todas las noticias que iban saliendo y lo que para nosotros podría ser ir en una *cuesta abajo y sin frenos*, la cancelación de eventos. Esa mañana fueron tres los que se habían cancelado: el cumpleaños que ya teníamos cerrado para dentro de tres días, una nueva actuación de Don Alberto Pestaña, que estaba programada para finales de marzo y el concierto de flamenco de Mario Herrero. En total ya eran cuatro los que se habían suspendido y lógicamente nuestra preocupación empezaba a incrementarse a pasos agigantados. Decidimos empezar a hablar ya con el propietario del local porque preveíamos una disminución de la demanda hasta llegar a cero, que, si sucedía, nos planteaba la pregunta de ¿cómo íbamos a pagar el alquiler de abril? ¡No habíamos llegado a la mitad de marzo aún y preveíamos no ingresar nada más en lo que quedaba de mes!

Los días posteriores continuó la sucesión de noticias negativas con el aumento de los contagios, las restricciones desde las diferentes administraciones, la preocupación de la sociedad por ir a sitios concurridos como bares, teatros, clases particulares, gimnasios, etc. Mientras tanto, de manera incongruente, el Retiro estaba lleno de gente debido al cierre de colegios, el teletrabajo y unos días soleados parecidos a los fabulosos días que mayo nos suele brindar.

Y llegamos al viernes 13 de marzo con el Gobierno anunciando que se reuniría al día siguiente para decretar el confinamiento de toda la población en sus casas y el cierre de muchos negocios, entre ellos los bares. No dábamos crédito. Esa misma tarde fui con Álvaro al Café, teníamos que dejar todo listo para el cierre, que pensábamos que sería por quince días en ese momento, y de paso abrir un rato por si venía alguien. Necesitábamos algo de ingresos, aunque fueran pocos. Ese día únicamente vinieron una pareja que se tomaron entre ambos tres copas. Él se dedicaba a la construcción, tenía la voz muy grave y un cuerpo muy ancho con una barriga que mostraba que no perdonaba ningún día la cervecita. Como no podía ser de otra manera hablamos de la situación y el hombre dijo que no estaba nada preocupado, que la sociedad se creía todo lo que decía la televisión y que no era para tanto. Semanas después aún me pregunto que estará pensando este señor ahora mismo. Espero volverle a ver, ya que se dejó allí un abrigo recién recogido de la tintorería.

El sábado 14 de marzo creo que será una fecha recordada por todos, como el día de los atentados de las Torres Gemelas, el día que murió Franco o el día que ganamos el Mundial. La gente siempre hablará de donde se encontraba en ese momento y de las sensaciones que tenía. Yo estuve todo el día en casa pendiente de la televisión. Quería saber exactamente qué decretaba el Gobierno y como sería. En ese momento, reconozco que no esperaba estar a finales de abril aún de confinamiento. A última hora de la tarde apareció Pedro Sánchez en directo para todos los españoles anunciando las medidas y cuando terminó, pensé en ir a la peluquería esa semana. Menos mal que luego rectificó. Aunque fue como recibir un gol en el último minuto de la prorroga, por lo menos reducimos ligeramente la incertidumbre al saber que los próximos quince días íbamos a estar en casa, como mínimo.

La primera semana de la cuarentena fue la más dura de todas. El cuerpo pasó de un alto grado de actividad casi al reposo total pero la cabeza no paraba de pensar en el cuándo y en el cómo. Necesitaba saber cuando íbamos a volver a la normalidad, ya que es imposible planificar nada sin tener esta respuesta. Los eventos que se habían cancelado en el Café intentamos reorganizarlos todos en abril, pensando que para mediados de mes podríamos volver a estar abiertos. Lógicamente, esos planteamientos quedarían obsoletos al cabo de dos días, ya que la situación empeoraba. Toda esa incertidumbre y cambio repentino me originaron durante las primeras semanas problemas de insomnio: tanto mi cuerpo como mi cabeza aún estaban en fase de adaptación. Pedí cita *online* en el médico para que me aconsejase y, afortunadamente, desde la tercera semana consigo cerrar el ojo enseguida y dormir del tirón toda la noche y parte de la mañana.

Los días pasaban, y la adaptación a la cuarentena crecía al mismo ritmo que el cansancio de escuchar tantas noticias sobre el Coronavirus. Era imposible no encender la televisión y no encontrarte nada relacionado con él. Ir al supermercado se convertía en la aventura del día y aunque trataba de ir cada dos días, la verdad que me alegraba quedarme en casa sin algún alimento básico como leche, patatas, huevos o tomates para poder salir un rato. Me preguntaba por qué no había cambiado de casa antes, si siempre priorizaba la ubicación por encima de una terraza o simple luz natural, ahora me daba cuenta de que ansiaba poder tener un simple espacio con aire libre en casa para desfogarme y tener el placer de ver la calle y sus gentes, aunque fueran pocas.

Mientras tanto, empezaban aflorar infinidades de artistas por las redes sociales que nos entretenían un rato, incluso algunos de ellos conseguían sacarnos una sonrisa. También empezaban multitud de iniciativas solidarias para ayudar con lo que fuese posible a controlar el virus. Y algo muy importante para la cuarentena, la banda ancha de internet estaba funcionado perfectamente. Muchos conocimos Zoom, la aplicación del parchís, la casa de nuestro monitor del gimnasio o simplemente nos dimos cuenta de lo bien que conjuntaba la camisa con el pantalón del pijama: más de una sorpresa nos habríamos llevado si en muchas videoconferencias de trabajo nos hubiéramos levantado todos.

Durante la cuarentena lo que más tienes es tiempo. En mi caso, desde la primera semana intenté hacer una rutina: desayunar tranquilamente, leer las noticias, gestionar asuntos del bar, hacer la comida, echarme un rato la siesta, escribir, hacer deporte, ducharme, cenar, ver la televisión o Netflix, leer un rato y acostarme. Entre tanto, mínimo dos llamadas o videollamadas se colaban, al igual que una partida al parchís o al ajedrez, sacar la basura y sobre todo pensar. Hay mucho tiempo para pensar.

Piensas en esos planes que tenías para la primavera-verano pero sin saber si los llevarás a cabo o tendrán que esperar. Mi deseo es hacer el Camino de Santiago por cuarta vez pero sigue faltando el cuándo y el cómo. Aprovechas también para analizar las cosas desde otro punto de vista. Piensas que por qué no será un buen momento para hacer un cambio en tu vida pero luego caes en que dos meses atrás ni siquiera te lo planteabas. Empiezas a pensar sobre qué hacer en el futuro pero te siguen faltando las respuestas el cuándo y el cómo. Creo que esto lo puedes aplicar a todos los aspectos de tu vida: laboral, personal y social. Te descargas Tinder, empiezas a hablar con una chica y te sigues preguntando lo mismo: cuándo y cómo nos veremos. Al menos te vas a la cama con la autoestima alta por haber ligado un rato.

Además de pensar, te sobrecoges con las cosas que van sucediendo paulatinamente. Es asombroso ver cómo: un hotel se reinventa y cambia todos sus clientes por sanitarios; una fábrica de motores de coche pasa a construir respiradores; IFEMA cambia los congresos por camas de hospital; un fontanero con su furgoneta empieza a repartir comida por domicilios; el narcotraficante envía droga a través de los *riders*; el Intermedio consigue reinventarse y Supervivientes aguanta en pantalla y los concursantes en una isla desierta; multitud de artistas se juntan para cantar "Resistiré" y muchos grupos de amigos y familias les imitan; el Palacio de Hielo se convierte tristemente en una morgue; los profesores dan clase online a sus alumnos; la naturaleza recupera su terreno y los jabalís empiezan a pasear por la Diagonal de Barcelona; y los niveles de contaminación bajan a mínimos que nadie se imaginaba hace dos meses. En definitiva, está siendo una oportunidad para ver cosas que en la vida nos imaginábamos.

Siempre me gusta hacer una similitud entre la mili de nuestros padres o abuelos y nuestros erasmus. Ambos estábamos sobre los veinte años y suponía la primera oportunidad de salir de casa a un sitio desconocido, rodearte de gente nueva de tu edad y vivir experiencias que guardaremos el resto de nuestras vidas. Con el Coronavirus y la cuarentena podríamos hacer otra similitud: esta vez con la guerra o post-guerra que a nuestros abuelos les tocó vivir. Lógicamente, hay diferencias sustanciales entre ellas y tengo claro que es más fácil una cuarentena que una guerra. No obstante, si para nuestros abuelos ello suponía el hecho que contaban a sus nietos, seguramente nosotros utilicemos el Coronavirus como el hecho que contar a los nuestros. Además, quiero dejar una reflexión en relación con la similitud entre el Coronavirus y la guerra. Desde hace años ya se venía escuchando como las guerras evolucionarían y no serían como hasta ahora: con tanques y rifles. Los nuevos tiempos y los avances, que se van produciendo a ritmo vertiginoso, podrían fácilmente cambiar el modo de hacer guerra. Hoy en día no es descabellado pensar en un ataque cibernético o químico que destruyan a un país, y el COVID-19 es lo más parecido que hemos visto que podría asemejarse a uno químico. Tal vez suene algo tétrico, pero perfectamente podría llegar a ocurrir.

Aún es pronto para sacar conclusiones de todo el aprendizaje que tanto individualmente como colectivamente sacaremos de esta situación, ya que aún no ha acabado. No obstante, sí que se puede adelantar que valoraremos mucho más nuestras casas y queremos que éstas estén lo mejormente equipadas, con las mejores vistas, el mejor jardín y por supuesto al mejor precio. Al final, como siempre se dice, *"tu casa es tu casa"*. Mi amigo Diego siempre dice que gastar dinero en la casa es hacer una inversión, ya que cuanto más cómodo estés menos necesidad tendrás de salir y, por tanto, de gastar. También nos daremos cuenta de lo importante que es tener más de una fuente de ingresos. Si solo tienes una lo único que te queda cuando te falla es el Estado, y no en todos los casos y solamente de manera temporal. Aunque esta cuestión es más de índole económica y hay infinidad de libros referentes a ello, pero estoy seguro de que la diversificación cobrará mucha importancia entre todos nosotros y es importante tenerla presente. Otro aprendizaje es la importancia de un estado de bienestar que te ofrezca esa tranquilidad necesaria para vivir en situación de crisis. Menos mal que esta crisis ha afectado a los países desarrollados principalmente y no está afectando con idéntica fuerza a aquellos subdesarrollados o en vías de desarrollo, por lo menos hasta finales de abril de 2020. El cómo se reinventa la gente y busca nuevas oportunidades allá donde las haya es otra de las lecciones que todos deberíamos sacar. Que los futbolistas no son tan importantes para la sociedad, que el futbol es el circo romano de nuestro tiempo, pero para circo nuestros vecinos del balcón de enfrente con sus bingos, canciones y chistes.

A las seis de la madrugada del viernes 24 de abril tengo la duda de si toda esta situación y todos los aprendizajes que nos está dejando, lo tendremos siempre presente y nos ayudará a mejorar como sociedad o, por el contrario, como en muchas otras ocasiónes ha pasado, saldrá esa gran capacidad de olvido que tiene el ser humano y volveremos a revivir todo de unevo. La respuesta la tendremos dentro de unos años.

(paréntesis) diez relatos desde una cuarentena

6

CRÓNICA DE UNA CUARENTENA FORÁNEA

por Natalia Puccioni

Me llamo Natalia Puccioni, Nati para los amigos y conocidos. Soy Argentina, pero no porteña. Nacida en el Gran Buenos Aires, muy cerquita del Río de la Plata. Vivo en Madrid hace exactamente un año y dos meses. Por esas cosas de la vida que me llevaron a irme de mi tierra, con dolor, pero con esperanza de una vida mejor.

Soy artista: bailarina, y profesora de tango y danza.Mi trabajo se basa en dictar clases en estudios de baile y realizar performances de tango en diversos festivales, conciertos y shows. Además, tengo mi propia productora de eventos, recién saliendo a la luz y en proceso de crecimiento. También mi pequeña milonga semanal, donde cada martes invito a músicos en vivo para que podamos bailar con su música.

En aquel final frío de febrero y las primeras semanas de marzoestaba recién llegada de un verano soñado sudamericano. Regresaba de una visita muy intensa a la familia y retomaba mis actividades en Madrid. Eran tiempos raros,ya que había estado fuera dos meses y tocaba reinventar un poco el panorama del 2019.

Entre planes de conciertos y fechas concretadas, escuchaba la palabra cuarentena y coronavirus unas treinta veces al día. Lo que más me hacía ruido era caminar por mi barrio y oír a las personas esbozarla a cada instante. Algunos entre risas, otros, muy alarmados.

Pero sentía lejana la idea de que llegara aquí. De solo conectar estas palabras con China, sentía una distancia considerable con España y alrededores. No entendía bien cómo existía este virus, cómo era, cómo se contagiaba, a quienes afectaba.

Entonces todo iba medianamente normal. Entre mis grupos de amigos, si nos abrazábamos o besábamos, aparecían los primeros chistes al respecto. Si alguien tosía:

- «¡Coronavirus!» gritaba algún pícaro. El contacto físico traía más bromas, pero nada de alarmas ni pensamientos drásticos al respecto.

Sin embargo, la segunda semana de marzo lentamente comenzaba a cargar sobre sus espaldas las palabras miedo y desconcierto. Las noticias se iban acercando a nuestras fronteras,los contagios, las dudas, las hipótesis. Un virus completamente desconocido venía para quedarse, o al menos, algo de eso había. Italia comenzaba a desbordarse en números y cifras alarmantes. ¿Era real entonces? Esta historia dejaba de ser una especie de mito chino y lejano, para estar cada vez más cerca nuestro. Yo me preguntaba por qué no me habría quedado dos semanas más en Argentina y así poder estar cerca de la familia en esos momentos de incertidumbre, pero el destino, la vida o el tiempo querían que esté aquí, en mi nuevo hogar, Madrid.

La última noche que tuve contacto con amigos y pude trabajar fuera fue en un concierto de un gran folklorista argentino, Coqui Ortiz. Fuimos muy poquitos, claro:ya el mundose estaba cerrando. Y nosotros, unos diez amigos, permanecíamos unidos pero precavidos en una mesita de las redondas del bar Madre Flaca en Lavapiés, tratando de entender lo que pasaba, reflexionar sobre lo que se venía yempezando a sospecharque nuestras profesiones iban a quedar paralizadas. La música se apagaba, la danza se detenía, los encuentros se congelaban, los trabajos se perdían.

Desde entonces el mundo se cerró nomás, y me encuentro en el día cincuenta y tres de mi cuarentena foránea. Foránea pero afortunada.

En estos treinta y tres años de vida la palabra CUARENTENA sólo la había relacionado con la post maternidad. Pero quién diría que iba a experimentarla alguna vez y de este modo.

Me encuentroen un piso luminoso lleno de plantas. Sola, sí. Difícil ,también. En un país nuevo y poco conocido. En una ciudad enorme y movediza. Con amigos cerca pero lejos. Con familia preocupada y asustada en Argentina. Ellos por mí, yo por ellos.

Las sensaciones fluctúan constantemente.

De repente no tuve más clases, ni trabajo ni proyectos que poder concretar. Suspendí más de diez conciertos y presentaciones de tango. Me decepcioné y me llené de miedo. Creí que no habría salida, al menos económica. Pero además decía: «¿y la salud mental?» ¿Cómo haremos? Encerrados, libres pero encerrados.

Hasta que descubrí que había nuevas formas:la vida virtual se convirtió en mi compañera y en mi sustento. Comencé a bailar a través de una cámara. Al principio me sentía muy rara, ¿justo el tango, ¿sin abrazar?Y de repente, los alumnos comenzaron a demandarme clases *online*, desde Argentina, desde Bélgica, desde Brasil y desde España.

Algo dentro mío decía que no, que no iba a poder. Pero los hechos me demostraron que era posible. Distinto pero alcanzable.

La vista se cansa, la voz se agota, pero se puede. Se piensan nuevas formas de enseñanza,los elementos de la casa pasan a ser mis compañeros de baile. Para poder transmitir, llegar. Y al final, comprendo que los que están del otro lado de la pantallanecesitan algo más que aprender pasos: conectar, charlar, compartir las vivencias y sentir cercanía.

Logrado entonces.

Descubrí que tengo más fuerza de la que creía, que en momentos límites algo se enciende dentro y me da cuerda. La llama del poder hacer, del querer seguir y de sobreponerse a estas extrañas cosas de la vida.

Porque a pesar de todo, tengo todo lo que necesito. Porque a pesar de todo, tampoco es tan grave.

Reflexiono acerca del consumo desmedido, del querer tener más y más. Y realmente no necesitamos demasiado para vivir.

Valoro más que antes. El tener un hogar donde estar, donde seguir creando y donde poder inspirarme es bendición. Mi vuelo es ese: el arte y la expansión de ideas para que esto que es mi modo de vida se pueda desarrollar y girar cada vez más.

Hago cosas que antes no, cuido las plantas con más amor. Las traspaso a macetas más grandes y así se pueden expandir de la misma manera que lo deseo yo.

Escribo como siempre, pero más que antes.

Canto también más que antes. ¿Por qué? Porque el

espacio vacío hace que me conecte con otras cosas. Cosas olvidadas. Siempre fui tímida para cantar en público. Quizás ahora me anime. Para el cumple de mi papá le canté: *Nada*, su tango preferido. Lo grabé y todo ensamblando la guitarra de mi amigo músico Raúl Kiokio. Fue un lindo regalo.

Grabo fragmentos de mis coreografías, improviso y disfruto más del tiempo bailado. ¿Por qué? Porque mi mente tiene más lugar libre, menos velocidad en el entrar y salir. Hacer y deshacer.

Las conexiones virtuales me agotan,pero me gustan. Puedo almorzar con mis padres que están a doce mil kilómetros, cruzando un océano eterno. Puedo ver crecer a mis sobrinos, abrazandolos con mi voz y ellos a mí.

Puedo charlar con mis hermanos queridos, y cada uno compartir su vivencia. Ellos con hijos, parejas. Yo sola. Descubrí que siempre es difícil, sea cual sea nuestra situación.

Esto que nos pasa no se parece a nada antes vivido, al menos para mí. No se compara con otra cosa y solo quien lo experimenta puede entenderlo.

Las palabras ayudan. Sacarlo afuera, llorar y reír, cuando y como sea.

Porque también esto es la vida. Diferente en este tiempo pero la vida al fin.

El enojo es mi compañero de casa bastante seguido. La frustración viene sólo los fines de semana.

El lunes es el día más energizante, no queda otra que hacer girar la rueda. Trabajar, pensar, inventar y reinventar las cosas.

El verde de los árboles que asoman a mi primer piso del Paseo de las Delicias es más verde en cuarentena. El sol entra mejor por el vidrio. O no. ¿Será que nunca me detuve a contemplar? Ver no es lo mismo que mirar. Otro aprendizaje. Ayer fue la primera salida permitida. Y levanté la cabeza como nunca. Y tal vez, también, sonreí como nunca. Hubo contacto visual con los vecinos y vecinas que recorrían las mismas veredas que yo. El silencio se parecía a mi barrio de Florida en Buenos Aires, estando sin cuarentena. Reconocí mi abstracción cuando voy generalmente caminando por la calle, apurada, con cascos, oyendo música, o también escuchando audios atrasados de la semana loca en la que vivo. Entro y salgo de casa muchas veces en mi rutina normal. Doy una clase, regreso. Almuerzo, vuelvo a salir. Por la noche salgo a bailar tango, o simplemente a escuchar música en directo. ¿Cuánto dinero gastamos en viaje?,¿y en comer alguna cosa de paso mientras corremos como locos contra reloj?, ¿y cuánta contaminación generamos?

Respiramos el aire de la ciudad monstruosay vamos por la vida cumpliendo horarios, citas, trabajos y obligaciones. El tiempo se acorta para lo importante. Para un llamado familiarnunca hay tiempo. Para tomarnos una caña con un amigo querido, tampoco. Porque hay que cumplir. ¿Qué, y con quién?

Aprendí que primero debemos cumplir con nosotros. Con nuestro cuidado, priorizarnos. Darnos más atención y mirarnos con más amabilidad. Que no se puede siempre todo. Y que tal vez, si bajamos algún cambio, podemos valorarnos y ponernos en primer lugar. Para luego poder compartir con otros y otras, sin demandas, y con disfrute. Siendo solidarios.

Los problemas pequeños son más pequeñitos aún

de lo que creía al lado de los problemas gordos, que son la salud física y emocional, la falta de oportunidades y de recursos, entre otras cosas.

Relativizar: otra palabra aprendida en este tiempo.

Reconfirmé que sin música la vida sería mucho más triste; que tengo suerte de poder mover mi cuerpo a través de la danza y de ser una amante de la música en todas sus formas, estilos y colores; que el arte cura, no hace falta ser un entendido ni un talentoso para descubrir nuestras herramientas, ya que hay más de lo que imaginamos dentro de nosotros; que cantar abre la garganta y desanuda las angustias. Cantar como podamos, como sepamos y como queramos.

Cuando esto acabe y volvamos al mundo "abierto", ¿qué haría? Supongo que casi las mismas cosas que siempre, pero habiendo aprendido algo: tener más consciencia y tratar de disfrutar las cosas que la vida nos ofrece libre y gratuitamente. Consciencia propia y del otro. Juzgar menos las acciones ajenas, reconocer las fallas, errores y oscuridades propias, para que la empatía crezca. Siempre me consideré empática, pero hoy siento que podemos abrir más los ojos y mirar lo que tenemos.

También ver lo que nos falta, pero sabiendo que podemos transformarnos a nosotros y por qué no, al resto también.

Lo primero que haré, sin duda es abrazar fuerte a mis seres queridos. En Madrid tengo una familia adquirida, la de mis amigos y amigas. Deseo que vuelvan las charlas en la mesa redonda de Caminito, los conciertos en Café Frida. Anhelo fuertemente poder volver a bailar tango con un otro, sentir el calor humano de un beso y poder tocar las manos de los otros.

Volveré a bailar en el Parque del Retirocon mis amigas tanguerasa la gorra, con un altavoz y muchas ganas de que la gente disfrute del arte que podemos ofrecer. Saldré más seguido por las mañanas a pasear y me levantaré más temprano. O eso creo. Quién lo sabe. Hoy es un misterio, las ideas que vuelan en las cabezas son por ahora solo ideas. Del cómo será. Transitaremos por los mismos caminos, o tomaremos nuevos. Muchas, muchísimas cosas han cambiado ahí fuera, y eso refleja cambios internos. Bien adentro. En todos y todas. Positivos y negativos. Dicen que sin oscuridad no hay luz.

Blanco y negro. Dentro y fuera. Encierro y libertad. Felicidad y tristeza. Dolor y alegría. Eso que llaman vida.

7

UNA NUEVA VIDA

por Noelia Giménez

¡Noelia, tienes que volver ya! es lo que más escuchaba en febrero.

A mis veintiseis años me he recorrido medio mundo, pues vivía en Qatar trabajando como azafata de vuelo para la aerolínea del país lo que me ha dado la oportunidad de viajar, como diría yo, todos los días de mi vida durante tres años. Se puede decir, que desayunaba en París y cenaba en Nueva York, y al día siguiente estaba en Australia. Sí, puede parecer una locura, pero era una vida de aventuras diarias. Han sido los tres mejores años de mi vida, donde no he tenido preocupaciones financieras y he podido ver el mundo, he descubierto países que no sabía ni que existían, como Myanmar y he visitado las maravillas del mundo, algo con lo que soñaba desde niña cuando veía las fotos de la muralla china o del TajMahal en las fotos de mis libros del colegio, pero que nunca creía que sería una realidad visitarlos.

Mucha gente me decía que tenía mucha suerte de poder viajar tanto, yo siempre pensaba: ¿suerte? ¿Sabes todo lo que aguanto en mi trabajo? Cuando la gente sube a un avión, de verdad se piensa que las azafatas de vuelo somos sus criadas y tenemos que hacer todo por ellos.Pero lo cierto es que no, que estamos en el avión por su seguridad, porque en caso de emergencia poder sacar a todos vivos y no para darles la comida y la píldora en vuelos de dieciseis horas. Así que no creo que fuera suerte, creo que me lo trabaje y que me merecía cada uno de todos los viajes que hice sola, con mi familia, con amigas o con mi novio durante esos tres años. No ahorre, pero gané mucho aprendiendo otras culturas, entender otras ideas, aprender otras religiones y lo más importante para mí, saber vivir en un mundo donde el respeto es la base de todo.

Pero ahora mismo todo está bastante complicado, no solo por el COVID-19 si no por mi situación en especial, podría decir que es un poco de película. Hace dos años y medio, más o menos, operé un vuelo a Hyderabad (India) donde conocí a uno de mis compañeros, este compañero se convirtió en la luz de mis ojos. Podría contaros ahora toda nuestra historia de amor, nuestros viajes por el mundo, nuestras peleas, nuestras aventuras, nuestras diferencias culturales, etc., pero para eso necesitaría otro libro pues una relación entre India y España, creedme que muchas veces no es fácil.

Tengo que retroceder un poco en el tiempo para que podáis entender bien toda mi situación. El pasado noviembre, nos enteramos de que íbamos a tener un bebé juntos y todo nuestro mundo dio un giro abismal, totalmente inesperado.

Se podría decir que todo eran problemas. Empezando que en Qatar una mujer sin estar casada y embarazada si las autoridades se enteran vas a la cárcel directamente. Continuando que en India estábamos defraudando a toda su familia; además que mi trabajo como azafata solo podría perjudicar la salud del bebé. Así que, después de mucho pensar y muchos planes en mente encontramos la solución, o eso creíamos.

(paréntesis) diez relatos desde una cuarentena

Teníamos un viaje planificado a finales de noviembre a India, para planificar toda nuestra boda que se celebraba el 13, 14 y 15 de abril en India. Pero viajamos a nueva Delhi, e improvisamos una boda, pagamos a un abogado y nos casamos en dos días, básicamente firmar los papeles, para así yo estar a salvo en Qatar, en caso de tener la necesidad de ir al médico por alguna urgencia.

Confieso que casarme en India, aunque fuera solo firmar los papeles para estar a salvo en Qatar fue muy duro, incluso estuvimos a punto de cancelarlo, pues yo no paraba de llorar por hacer esto sin mi familia cerca. He de decir que fue la boda menos romántica y soñada de una persona en su sano juicio. Firmé los papeles, pensando que era lo mejor para no acabar en la cárcel en Qatar y que por la salud del bebé era lo que debía de hacer.

Pero un breve resumen, es que firmaron con nosotros los padres de un amigo en común de Vikram y mío que conocí el día de antes, fueron muy amables, nos invitaron a comer y la madre entendía que yo llorara en tal situación y trato de darme todo su apoyo en incluso me dio una pequeña pulsera como muestra de cariño y admiración. A la vez de todos estos sentimientos por no tener a mis padres al lado, me encontraba fatal, las náuseas, el calor y el olor a las especias indias me quitaron las ganas de todo. No pudimos celebrar nuestra boda, no teníamos la energía para ser románticos, y nuestras preocupaciones pudieron con la magia del amor. Es por ello, pocas veces lo llamo como mi marido, pues hasta que no tenga la boda de mis sueños, o lo mas parecido a una boda con mi familia al lado, creo que seguiré considerándole mi pareja, a la que amo, pero mi pareja, mi compañero de aventuras y la persona que más loca me vuelve en esta vida, en todos los sentidos.

Luego viajamos a Jaipur, de donde es su familia y pasamos una semana allí, y así poder compartir con ellos lo que estaba pasando.Decidimos cancelar la boda en abril, puesto que la barriga se me notaría y sería una deshonra para su familia. Después de disfrutar una semana en India con su familia volvimos a nuestra siguiente fase del plan, retorno a España.

En diciembre solo trabajé para tres vuelos: Madrid - aproveche para enviar cosas a casa-, Auckland, y Barcelona- envíe mas cosas a casa-.

También mis padres, Ana y Pedro y una de mis hermanas, Susana con su pareja, viajaron a Qatar en el puente de diciembre con maletas vacías para irse con maletas llenas. Mi otra hermana, Ana, no podía viajar por motivos de trabajo. He de mencionar que esta vez, después de tres años viviendo en Qatar, disfruté de una comida con mi familia, típica de Qatar que no había probado antes, y me di cuenta de que, a veces tenemos que investigar más hasta en nuestro propio país o lugar de residencia.

En Navidades Vikram y yo vinimos a España para celebrar estas fiestas, y así traermás maletas hasta arriba. Y lo más importante, hice todo esto con naúsea tras naúsea, vómito tras vómito, perdiendo peso en vez de ganarlo. Además, no os imagináis cuántas cosas se acumulan en una casa en tres años. Después de Navidades volvimos a Qatar y encontré muchas excusas para no volar.

En febrero, presenté mi carta de dimisión a la compañía pues por fin conseguí vender el coche, muebles y todo lo que no me podía llevar a España. Mi familia y amigos estaban como locos para que volviera a casa, pues el miedo de mi embarazo, de no saber si las cosas iban bien con el bebé, por no saber, ni sabíamos el sexo, ni cómo

(paréntesis) diez relatos desde una cuarentena

estaba de vitaminas, hierro, etc.,súmale el miedo al Coronavirus, pues sabíamos de compañeras que se habían quedado atrapadas en China, y otras que habían ido y vuelto y que podrían ser portadoras del virus; lo que menos necesitaba era cualquier tipo de virus cerca de mí.

Después de pelear mucho con la compañía me dieron billetes de vuelta a España para el 10 de febrero, por suerte, Vikram tenía seis días libres y vendría conmigo, además era San Valentín y siempre nos ha gustado pasarlo juntos, aunque este año era muy diferente. Desde que llegamos a Alicante, aprovechamos el tiempo para arreglar todos los papeles en España, que no es fácil.

El fin de semana de San Valentín mis padres salieron de camping con su caravana a la montaña de Alicante y como estaban cerca fuimos el sábado a pasar allí el día. Mis padres estaban reunidos con más amigos en el camping y lo cierto es que salió el tema de conversación "del virus ese de China". Vikram y yo les avisamos que, si el COVID-19 llegaba a Europa, o mejor dicho a España, tendríamos que tomar precauciones, pero todos se lo tomaron a cachondeo y hacían comentarios tipo, son unos exagerados, seguro que no es para tanto, nos mienten

(paréntesis) diez relatos desde una cuarentena
mucho en las noticias, etc.

Cuando el fin de semana acabo,Vikram tenía que
volver a Qatar para trabajar.El plan se centraba en que el
seguiría trabajando en Qatar hasta mayo o junio y así
ahorrar el máximo de dinero para luego asentarnos en
España. La despedida fue dura pues no sabía cuando
volvería a verle, más las hormonas revolucionadas, ya os
podéis imaginar cómo fue.

El 17 de febrero acudí a una cita en el hospital de
Alicante, todo con mucha normalidad. Allí recibí noticias
felices y noticias que me asustaron mucho. Fui
acompañada de mi madre y mi mejor amiga Ana, cuando
entre a la consulta me dijeron lo que tenía que hacer y que
me sentara en la camilla, el médico entró y empezó a hacer
la ecografía en mi barriga. Por primera vez escuchaba los
latidos de mi bebé, fue algo maravilloso. Luego le
pregunte al médico si podía revelarme el sexo del bebé:
«una pequeña niña», me dijo.Mamá, Ana y yo gritamos de
alegría, asustamos a la pobre enfermera. Después el
medico continúo haciendo sus pruebas en silencio y le
preguntamos qué pasaba, si todo estaba bien, entonces nos
explicó que la placenta había sufrido varios

(paréntesis) diez relatos desde una cuarentena

microinfartospor lo que debería tener revisiones más periódicas y controlar más a mi bebé. Los microinfartos probablemente se debían a los vuelos que hice o al estrés que tenía con toda la situación en Qatar.

Febrero acabó y mi vida seguía con normalidad.Encontré una nueva carrera en la que formarme, así que estaba muy centrada estudiando para llegar a ser controladora aérea, para poder darle una calidad de vida a mi bebé bastante buena y poder tener un trabajo estable el resto de mi vida, pues mis prioridades han cambiado de viajar por el mundo a encontrar la forma de cuidar de mi bebé de la mejor forma posible.

Marzo empezó, nos llegaban las noticias a España sobre Italia y de la evolución del virus. Después de haber vivido en Asia durante el principio del COVID-19 en China, pensé que Italia debería cerrar fronteras si no quería que el virus se extendiera por toda Europa.Desde que se dieron cuenta que el norte de Italia tenía tantísimos casos y aumentaban tan rápido, fue demasiado tarde. Mientras tanto en España, se hablaba de exageración en Italia, pero yo trataba de advertir a mis familiares y amigos de que este virus no es una broma y que como no tomaran

(paréntesis) diez relatos desde una cuarentena

precauciones en España pronto estaríamos igual que en Italia.

A la vez mi preocupación principal era Vikram, viajando por el mundo, viajando con gente que podía ser portadora del virus, yo sólo quería tenerlo aquí, por suerte para el 10 de marzo tendría cuatro días libres y vendría a visitarnos. Pero cuando más se acercaba la fecha, más nos preguntábamos si llegaría a España a tiempo o cerrarían las fronteras antes de que él pudiera entrar.

Gracias a mi suerte, Vikram llego el 11 de marzo a Alicante y justo el 14 empezó el confinamiento en España. Así que nos encontrábamos Vikram y yo en casa de mis padres, con ellos y su pájaro. Os podéis imaginar un poco la casa de mis padres, una casa familiar, donde hemos crecido tres chicas sanas y felices. Por suerte es bastante grande: 4 habitaciones, balcón, cocina, comedor y un hermoso patio, que es nuestra bendición. Viendo la situación que se nos venía encima, convencí a mi madre para ir a la tienda de mi tío y comprar mucha pintura, para arreglar las paredes de la casa y le pareció buena idea. Así que mi habitación de adolescente paso de ser de roja y blanca, a gris y blanca, también pasó de tener una pequeña

(paréntesis) diez relatos desde una cuarentena

cama y muchos muebles, a dos camas y pocos muebles. Así Vikram y yo podíamos estar más cómodos en la habitación y tener nuestra pequeña guarida dentro de la casa de mis padres.

También ayudamos a mis padres a pintar su habitación, arreglar y tirar cosas de otras partes de la casa. Se puede decir que la primera quincena la pasamos arreglando la casa, haciendo esas cosas que sabes que tienes que hacer, pero que nunca tienes tiempo para ello. Además, mi padre sembró en el patio semillas de todo tipo de verduras para así estar entretenidos y tener abastecimiento de frutas y verduras realmente orgánicas.

Ahora mismo sé qué estáis pensando: no es posible que todo sea tan bonito, ella vivía sola, ¿ahora está confinada con sus padres y su pareja y todo va bien?

—Venga, ¡deja de tomarnos el pelo Noelia! Es verdad, no todo es tan bonito como parece, pues el cambio de nuestras vidas ha sido muy brusco, y cuando digo de nuestras me refiero a los cuatro.

Mis padres ya vivían en su casa solos por casi dos años, tenían su paz y tranquilidad, su forma de hacer las cosas y lo más importante, su casa, sus normas, como es de esperar.Vikram ha vivido sólo por más de 8 años y no está acostumbrado a recibir ordenes de nadie ni a hacer las cosas como a otras personas le gusta, por lo que es difícil para él amoldarse a mis padres. Y yo he vivido fuera por cuatro años, tenía mi casa, mis horarios, mi estilo de comida.Lo más duro para míes que siempre he estado ocupada trabajando desde que tenía diecisiete años, y éste es el periodo de tiempo más largo en el que no estoy trabajando y eso me estresa muchísimo.

Como podéis imaginar es la primera vez que Vikram y yo convivimos en una casa junto a mis padres, dando sus opiniones por detrás,… pues no es lo más ideal para una relación joven. Pero somos fuertes y estamos unidos, hablamos las cosas, también discutimos, o como dice él compartimos opiniones diferentes, pero al final nos apoyamos el uno al otro y para mí es lo más importante, llegar a un acuerdo, un entendimiento. Vikram cada vez entiende más a mis padres y trata de hacer todo lo mejor posible para mantenerlos contentos y aguanta mis lloros de impotencia y hormonas cuando tengo algún momento incómodo con mi familia.

(paréntesis) diez relatos desde una cuarentena

Estar confinada en casa de mis padres con mi pareja, que solo habla inglés, creedme no es divertido. Como es de esperar mis padres tampoco hablan inglés, así que todo tipo de comunicación tiene que pasar por mí, y es algo desesperante. Entre ellos no se entienden mucho, pues nos encontramos con diferentes barreras, la del lenguaje y la cultural; y ¿quién está en medio de todo? ¡Pues,… la embarazada!, menos mal que trato de tomarme todo de la mejor forma posible y siempre salgo con la frase, es la situación que nos toca vivir, cuando esto acabe todo se arreglará.

A lo largo de mi vida, siempre he tratado de ver el lado bueno de las cosas, pero también soy humana y muchas cosas me afectan y me duelen, como es de esperar.

Durante el confinamiento, teníamos una cita diaria a las ocho de la tarde todos los días, en nuestro balcón con otros vecinos para aplaudir el trabajo de los sanitarios, policías, limpiadores, etc. Pero todos esos aplausos por mi parte han ido dirigidos a mi padre - trabaja velando por la seguridad de todos los españoles -, y a mi hermana Ana - trabajando en el barco, dispuesta a llevar a gente sana a casa y a abastecer las Islas Canarias de alimentos-.

(paréntesis) diez relatos desde una cuarentena

Durante esta cuarentena, además de pintar y reorganizar la casa he aprendido a hacer nuevas cosas, algunas por solitario, otras con la ayuda de mi madre. También he aprendido a cocinar pan, nuevos pasteles, nuevas recetas vegetarianas, ya que Vikram es vegetariano, y he de confesar que la cocina no es mi fuerte, sobre todo la repostería, las masas nunca me crecen como deberían y si crecen luego se me quema todo en el horno, así que la parte de cocinar mejor se la dejo a otros. Por suerte en esta casa a todos nos gusta cocinar, aunque a algunas se nos da peor que a otros.

Por causas de fuerza mayor, he aprendido a coser, pero es algo que llevaba mucho tiempo en mi lista de cosas pendientes por hacer. Y sí, por fuerza mayor, puesto que, si no le compro ropa vía *online* a Maia, nuestra futura hija, no hay forma de tener ropa, y los productos *online* están tardando bastante en llegar. Así que mi madre me ha enseñado a coser y entre las dos le hemos hecho un vestidito y un cubre pañal con una tela de rayas rosa y blanca monísima, y nos ha quedado muy bien. También le he cosido sábanas para la cuna, un gorrito y unas manoplas para cuando nazca; y todo con telas que mi

(paréntesis) diez relatos desde una cuarentena

madre tenía por casa. El aprender a coser ha sido algo muy bueno para mi madre y para mí, nos ha unidos mucho y además hemos estado entretenidas haciendo algo creativo manteniéndonos ocupadas muchas tardes, evitando el darle más vueltas a todas las cosas que están pasando.

Sinceramente no sé si esta cuarentena afecta más a las mujeres que a los hombres. Pero la combinación de mi madre con la menopausia y yo con las hormonas del embarazo, algunos días nos vamos a volver locas dentro de esta casa. También puede ser porque somos personas muy extrovertidas y estar tanto tiempo metidas en casa, y sin ver a nuestros familiares y amigos, no va con nuestra personalidad, y más sin verle un fin a esta cuarentena.

Mi prioridad antes de que esta cuarentena empezara era estudiar mucho para ser controladora aérea, pero ahora esa prioridad no la encuentro, pues es una oposición privada, y parece ser que todas las oposiciones se están atrasando o cancelando, por lo que este año parece ser que no habrá ningún examen y eso nos está desmotivando mucho a todos los que pensábamos opositar este año, y empezamos a pensar en cómo buscarnos la vida en un futuro cercano. Pero seguiré estudiando para llegar a

(paréntesis) diez relatos desde una cuarentena

ser controladora aérea, aunque los exámenes no sean en un futuro cercano.

Cuando acabe esta cuarentena, no tengo muy claro qué voy a hacer, puesto que no le veo fin,además siempre me he dedicado al sector servicios,por lo que estoy buscando la forma de reinventarme, pero también debo tener en cuenta que en julio daré a luz, por lo que no puedo incorporarme al mercado laboral lo más probable hasta octubre. Así que he decidido aprender a invertir en bolsa, estoy leyendo varios libros actualmente y recogiendo toda la información posible para adentrarme al mundo de las acciones e inversiones y así poder ganar dinero desde casa como mucha otra gente hace. Quién sabe, alomejor en un futuro soy una *trader* que vive de ello, y puede seguir viajando por el mundo con su hija y su marido, recorriendo en caravana Sudamérica, otros de mis sueños que pienso imposibles, y tal vez un día será posible.

Trato de ser positiva mirando cara al futuro, pero también existen días malos, donde toda esperanza está totalmente perdida, pero por suerte hay más días buenos y pienso que todo va a salir bien, que saldremos de esta crisis económica que nos viene encima, que las reuniones con amigos y familia volverán a ser normales, los abrazos, los besos, y todo sin preocupaciones de contagiar a alguien o ser contagiado por el virus.

El plan de desescalada ha empezado, poco a poco volveremos a la vida normal, puedo ver que esta afectando de forma positiva a mi familia, mi padre puede salir con la bici a hacer deporte, Vikram puede salir a correr, mi madre y yo paseamos una hora al día, donde nos encontramos con conocidos y podemos charlar manteniendo la distancia de seguridad. Estas actividades tan cotidianas que antes no valorábamos ahora son un respiro de aire fresco, son una luz al final del túnel. Solo esperamos que no tengamos una recaída, que la vida vuelva a la normalidad y que deje de morir más gente.

(paréntesis) diez relatos desde una cuarentena

8

SUERTE

por Eduardo Doñate

Según la RAE, se denomina *suerte* al "encadenamiento de los sucesos, considerados como fortuitos o casuales" y la "aquella circunstancia de ser, por mera casualidad, favorable o adverso a alguien o algo lo que ocurre o sucede".

Mi nombre es Eduardo Doñate y ésta es mi pequeña experiencia durante los acontecimientos que estamos viviendo.

Tengo veintisiete años, soy natural de Zaragoza, mañico de pura cepa, soy Adjunto de Dirección en un hotel de Ibiza, lo cual hace que cada mes de febrero desde hace tres años tenga que desplazarme a la isla por motivos laborales. Además, desde el pasado mes de octubre de

2019 soy copropietario de un bar en Madrid, lo cual hace que cada cierto tiempo me desplace a la capital para echar una mano.

Así pues, comenzaré a relatar mi breve historia, no sin antes hacer un pequeño inciso de mi situación, tras acabar el Máster en Dirección y Gestión de Empresas Hoteleras y finalizar las prácticas como Adjunto de Dirección Hotelera en Ibiza.En el año 2017 tuve la suerte de que quedase una vacante libre en el hotel donde realicé mi periodo de formación al comienzo de la siguiente campaña, por lo que me animé a comenzar esta andadura en la *isla bonita* con el objetivo claro de que fuese un trampolín que me condujese a ser director de hotel.

Tengo que reconocer que esta decisión no fue fácil ya que venir aquí suponía sacrificar buenas relaciones que había creado hasta entonces en Madrid, no poder disfrutar de los veranos con la familia y amigos y sobre todo estar expuesto a una soledad que, con el paso de los años, iría desapareciendo. El objetivo estaba claro entonces y sigue estando muy presente hasta la fecha de hoy. También hay que reconocer que con la oferta se incluía alojamiento, por lo que fue un importante factorpara dar el sí definitivo.

(paréntesis) diez relatos desde una cuarentena

Actualmente vivo en una de las habitaciones que el hotel tiene a disposición de los empleados, hecho que juega un papel muy importante en mi experiencia durante este confinamiento.La habitación no es nada del otro mundo, pequeña y acogedora, situada en la azotea del hotel. Año tras año la he ido moldeando a mi gusto. En ella he instalado una pequeña cocina, con dos fuegos y un horno, suficientes para ir probando recetas que se me pasan por la cabeza durante este periodo. Probablemente a la mayoría de las personas les resultaría agobiante vivir aquí. Sin embargo, la considero un pequeño refugio donde pararme a pensar y aislarme del mundo. Es lo que tengo y estoy satisfecho con ello.

Así pues, este invierno no fue diferente. Me desplacé el 10 de febrero a la isla para comenzar otra temporada más con el recuerdo latente de mis padres ayudándome a cargar el coche el día de antes y con las lágrimas de mi madre al ver que otra vez dejaba nuestro hogar -nunca acabará de acostumbrarse a verme ir una y otra vez-. Supongo que es complicado para ella. Tanto mi hermano como yo llevamos unos cuantos años sin estar en casa y supongo que le recorre una extraña sensación de (paréntesis) diez relatos desde una cuarentena soledad.

Recuerdo los primeros días de trabajo con la misma ilusión que el primer día, con las ganas de volver a abrir el hotel y volver a sentir de nuevo ese estrés que no te deja dormir por las noches, pero también con ganas de volver a pasar momentos divertidos durante la temporada y seguir evolucionando día a día como he hecho hasta ahora.

Por suerte, tengo un buen referente donde mirarme. Mi jefe, quién con la misma edad que yo tengo ahora ya es director y es de quién día a día voy aprendiendo cada vez más. También se ha convertido en una figura importante por la que volver cada año. Nuestra relación ha ido mejorando con los años y, por qué no, le puedo considerar ya un amigo.

Comencé, como de costumbre, con la revisión de cada una de las habitaciones del hotel, es un trabajo costoso pero entretenido. Me dedico a mirar los desperfectos de cada una de las quinientas veinte habitaciones del hotel para dejarlas lo mejor posible para una temporada que parece ser que nunca comenzará. Sin embargo, y siendo positivos, es un trabajo que de cara a la apertura, sea (paréntesis) diez relatos desde una cuarentena cuando sea, habremos avanzado.

También encontraba momentos para el ocio, Ibiza más allá de las famosas fiestas ibicencas, tiene lugares increíbles y esta temporada me propuse conocer más de aquellos lugares recónditos que la isla tiene guardados. Siempre lo hago a principio y final de temporada, ya que con el hotel cerrado tenemos un poco más de libertad al no estar pendiente del móvil las 24 horas del día.

Este año todo apuntaba a que podría disfrutar más de la isla ya que de manera extraordinaria se había contratado otro adjunto a dirección. Así pues, este hecho me liberaría de gran cantidad de estrés y me permitiría disponer de más tiempo para mí. Me podría permitir el lujo de ir a visitar el bar de Madrid al menos una vez al mes y ver a mis padres y amigos de Zaragoza, ya que este año habían retornado los vuelos Zaragoza-Ibiza, haciendo más fácil el desplazamiento.

Pero nada más lejos de la realidad, el destino tenía un as bajo la manga…

Recuerdo las primeras noticias que llegaban desde el gigante asiático,parecía totalmente surrealista pensar que un virus estaba provocando la muerte de miles de personas y más aún era pensar que aquellas imágenes de los telediarios nos iban a afectar directamente, que iba a trascender fronteras, escalar montañas y atravesar océanos y cambiaría por completo nuestra forma de vida, al menos, durante unos largos meses.

Cuando el virus se empezó a dar a conocer en nuestro país no dude en llamar a algún que otro amigo que tengo trabajando en la sanidad pública para ver si de verdad era cierto aquello que contaban en las noticias. Los primeros brotes importantes empezaban también a llegar a Italia y un clima de pesimismo se cernía sobre el ambiente.

Con el paso de los días, las noticias iban a más y el desconocimiento de información de los medios de comunicación, así como la falta de unas directrices claras por parte del Gobierno y su parsimonia ante un mal que acechaba desde lejos, hacía ponernos en la peor situación.

Desde la dirección de la compañía donde trabajo, las noticias que nos llegaban eran también muy poco alentadoras: modificaciones de directrices, cambios de aperturas, cancelaciones de grupos, hoteles que abrían y

(paréntesis) diez relatos desde una cuarentena

luego que no…

Todavía no se había decretado la cuarentena, pero todo apuntaba a que el Gobierno seguiría los modelos de confinamiento de China e Italia, por lo que decidí exprimir los últimos momentos de libertad. Aproveché para comprar materiales para trabajar en casa, por suerte soy bastante manitas y me gusta hacerme mis propios muebles con palés y restos de madera que sobran de los trabajos de nuestro carpintero. Mi padre es ebanista y estas Navidades me regaló una caja de herramientas para que pudiese trabajar mejor. Y no os podéis imaginar la utilidad que le he dado.

También, y ya que la temperatura acompañaba la primera semana de marzo, aproveché para hacer un par de rutas de senderismo y quedar para cenar con algún compañero, que recién se había incorporado al trabajo esa misma semana, y contarnos las vivencias del invierno. Guardo en la memoria con especial cariño la última cena con los compañeros el día de antes de que se decretase la cuarentena, que de forma jocosa la llamábamos la cena de fin de temporada, porque a menudo bromeábamos con la idea de que el problema fuese a más y no abriéramos ningún hotel. Para aquellos que no estén familiarizados, normalmente las cenas de fin de temporada suelen hacerse en el mes de octubre con el cierre de los hoteles y justo antes de emprender el viaje de vuelta a casa.

Ya con el estado de alarma en vigor y la cuarentena establecida, las directrices de la dirección de la compañía eran claras, por lo que se destinaban recursos a otros hoteles con mayor probabilidad de abrir y se empezaron a dar vacaciones y días festivos, ya que por aquel entonces todo apuntaba a que el hotel no abriría en la fecha indicada. Por supuesto, esta medida también me afectó. Ya nos poníamos en lo peor y estábamos ya a la espera todo el personal de recibir el comunicado del departamento de recursos humanos con la aprobación del ERTE.

A raíz de ello fue cuando empezó realmente mi confinamiento. Como todos los ciudadanos me dispuse a hacer una compra grande, pero sin perder los estribos, que me permitiese evitar salidas al supermercado de manera frecuente. Cuestión de civismo y responsabilidad.

Los primeros días de confinamiento me dediqué sobre todo a hacer un listado con todas aquellas tareas que quería hacer y tenía pendientes desde hace tiempo. Además, de forma directa seguía trabajando ya que, junto con mis compañeros del bar, tuvimos que recalificar presupuestos y hacer previsiones de cara a los escenarios con los que tendríamos que lidiar. La idea era tener siempre la cabeza ocupada y no dejar que el pesimismo aflorase en mi cabeza.

El pasado mes de octubre de 2019 emprendí un viaje en el terreno de los negocios junto con dos con compañeros y amigos del Máster de Dirección y Gestión de Empresas Hoteleras. Bajo una misma idea de apostar en el sector servicios y montar el bar. Más allá de lo que es la operativa habitual de este tipo de negocio nos iba a servir para aplicar todos los conocimientos que años atrás habíamos aprendido primero en la carrera y después en el máster. Con el paso de los años la disciplina dedicada a la dirección de *Food and Beverage*, o en castellano, Alimentos y Bebidas ha ido ganado peso dentro del sector hotelero, ya que se considera un importante complemento a la calidad de la estancia y en muchas ocasiones juega un papel fundamental en la experiencia y fidelización del cliente, por lo que la apertura del bar era un complemento perfecto

(paréntesis) diez relatos desde una cuarentena

para seguir adquiriendo conocimientos sobre esta rama en concreto del sector.

De primera mano observamos cómo la práctica es totalmente diferente a la teoría. Tras unos meses complicados por la lentitud de las obras y la reforma del local, finalmente abrimos al público el día 13 de diciembre.

Como cualquier negocio que está empezando los primeros meses fueron duros. Sin embargo, no nos faltaba motivación e ideas para sacarlo adelante. Tres amigos y una idea común, ¿qué podía salir mal? Acertar con los artistas que invitábamos, el tipo de actuación y el ambiente que se creaba era nuestro objetivo a corto plazo. Así pues, la motivación iba *in crescendo* ya que poco a poco lo íbamos consiguiendo.

El mes de febrero fue muy esperanzador, ya que se vislumbraba luz al final del túnel. Las cosas empezaban a marchar y, lo mejor de todo, es que teníamos un gran margen de mejora. De esta forma, se veía en el horizonte un sendero repleto de buenos momentos y de esperanza. Sin embargo, el COVID-19 nos puso una piedra en este camino que no nos costaría sortear.

(paréntesis) diez relatos desde una cuarentena

Cuando se decretó el confinamiento y la prohibición de abrir establecimientos considerados como no esenciales nos pusimos manos a la obra para tratar de frenar este duro golpe. Así pues, mis mañanas de cuarentena están dedicadas íntegramente a buscar soluciones que nos permitieran ser optimistas ante la situación que teníamos.Las tardes las dedico más al ocio. Aprovechar para ver esa serie que tenía pendiente desde hace años, hablar por teléfono con los amigos, hacer ejercicio o ponerme a leer. Todos los años antes de desplazarme a la isla aprovecho para ir a comprarme unos cuantos libros. Curiosamente este año, compré *La carretera*, de Cormac McCarthy, que trata sobre la supervivencia de un padre y su hijo en un mundo apocalíptico. Esperemos no tener que llegar a ese extremo, pero a menudo me imagino las calles que relatan en el libro, llenas de ceniza y totalmente vacías, las que día a día veo a través de la ventana.

Ante la primera semana de confinamiento se me planteó la duda de volver a Zaragoza, pero aquí jugaron dos factores importantes. El primero y al que más valor le di: ¿Qué pasaba si estaba infectado? Esa pregunta la tenía siempre en la cabeza y no quería bajo ningún concepto exponer a mi padre y mi madre al virus en el caso de que lo tuviera. Ya nos había entrado un poco de miedo, ya que, mi madre trabaja en un colegio y un compañero suyo dio positivo. Además, mi padre recién jubilado, después de haber estado cuarenta y cuatro años, once meses y veintitres días cotizando y con la satisfacción de haber conseguido su objetivo.Curiosamente no llegó a los cuarenta y cinco años que necesitaba para jubilarse, ya que, cuando mi padre comentó que mi madre estaba de baja por haber estado en contacto con un positivo, le jubilaron siete días antes para no poner en riesgo a ningún compañero de la fábrica. Tenía claro que, en caso de que pasase algo, no quería tener la carga de conciencia toda la vida en mi cabeza.

Por otro lado, la suerte de tener que pasar el confinamiento en un hotel muy bien equipado. Como ya había comentado anteriormente, dispone de un total de quinientas veinte habitaciones, está dividido en dos edificios y cuenta con gimnasio, pista de futbol, de baloncesto, piscina y jardines para pasear. Hay gran diferencia entre pasar el confinamiento en un espacio tan amplio a hacerlo en nuestro pequeño piso de Zaragoza. Además, la tentativa de poder retornar al trabajo en un periodo relativamente corto de tiempo me hacía estar en alerta por si tenía que volver.Supongo que si no me hubieran permitido quedarme y tuviera que abandonar la isla volvería a Zaragoza, pero intentaría no quedarme en casa de mis padres, por lo menos durante los primeros quince días. Por suerte, uno de mis mejores amigos se ha comprado una casa en un pueblo a las afueras de Zaragoza, por lo que intentaría pasar allí los días antes de volver a casa y asegurarme que no estoy infectado.

Tengo que ser sincero en que mi vida ha variado muy poco con respecto a un mes de abril en plena temporada, al menos en cuanto al ocio se refiere. Generalmente los primeros meses tras reabrir suelen ser bastante duros, ya que, hasta que el hotel echa a rodar, hay que perfeccionar bastantes detalles de la operativa, lo que exige una gran cantidad de tiempo. Generalmente hasta el mes de julio o agosto no logramos asentarnos, por lo que las horas que paso fuera del hotel durante ese periodo son más bien escasas y se limitan básicamente al día libre que tengo a la semana. Me intento refugiar en ese pensamiento,

(paréntesis) diez relatos desde una cuarentena

ya que, lo veo como una vía de escape para paliar el duro golpe a la normalidad que estamos sufriendo.

Con el paso de las semanas, todos los quehaceres listados se iban agotando y tocaba ser creativo a la hora de buscar entretenimiento. Comenzaron pues las videollamadas con amigos. ¿Quién durante este confinamiento no se ha tomado unas cervezas o una copita por los viejos tiempos? Partidas de parchís e incluso *escape rooms*. La creatividad para estar entretenido no deja de aflorar hasta, quién lo diría, llegando a relatar mi propia historia sobre mi particular confinamiento.

Parece simple pensar que algo como una partida con tus amigos al parchís, ese juego que, a priori, está tan anticuado podría reconfortar tanto y podría hacerte olvidar por unos minutos todo lo que estamos pasando,y de eso se trata. Porque al fin y al cabo tenemos que intentar olvidarnos de lo que hay fuera y de aquello de lo que nos han cohibido,ser consciente de que son momentos que nadie desearía pasar. Sin embargo, como todo en la vida, hay que ver la parte positiva de todo y refugiarse en aquellos momentos que nos sacan una sonrisa.

(paréntesis) diez relatos desde una cuarentena

Este periodo seguro que a más de uno nos ha venido bien para levantar el pie del acelerador. A veces, nos olvidamos de que la vida hay que disfrutarla y que de cada pequeño momento hay que sacar lo mejor. Sin embargo, vivimos envueltos en un estrés contínuo con mucha presión y al final todo se resumen en minutos, horas, días, semanas, meses y años que van pasando sin darte cuenta. Ahora tenemos la suerte de pisar el freno y pararnos a pensar en qué estamos haciendo bien y en qué podíamos mejorar. La vida nos ha dado una pausa.

A menudo me imagino esta situación como un largo minuto de silencio en un partido. Durante toda la infancia y adolescencia jugué al fútbol y tengo en la memoria cuando se hacía un minuto de silencio, ritual de respeto y recuerdo, por el fallecimiento de algún allegado de compañeros o rivales. Ese minuto era tiempo de concentración donde te pasaba por la cabeza mil imágenes. Este periodo de cuarentena, cuando la cabeza ya no está tan ocupada, no queda otra salida que reflexionar, pensar en todo lo que concierne a la vida, mientras seguimos esperando una vacuna como si de un gol en el descuento se tratase.

Porque al final todo se trata de disfrutar y de vivir en paz con uno mismo. Dar las gracias continuamente por la suerte que tenemos. Es verdad, todo podría ir mejor, eso no lo dudo, pero también peor. Parar a pensar un segundo y reflexionar sobre vuestra situación. Cada segundo que pasa me alegro más de haber tomado las decisiones que he escogido en el pasado, ya que, si no, no estaría aquí. Me vienen a la cabeza mil y una historias. Desde el año que me fui de Erasmus no he parado de viajar. Tenía un objetivo, conocer mundo.

Este invierno pasado tuve la suerte de disfrutar de una experiencia inigualable, recorrer la *eastcoast* australiana en furgoneta, desde Cairns hasta Melbourne durante un mes y medio. Allí hice submarinismo en la gran barrera de coral, me tiré en paracaídas en Airlie Beach, visité playas paradisiacas totalmente diáfanas como White Heaven, vi canguros, koalas, wallabies y me reencontré con viejos amigos que hacía años que no veía.

Tengo en las retinas todavía los amaneceres con un sol abrasador y las risas intentando adivinar las horas del día, lo que nosotros llamábamos la sensación horaria -allí a las once de la mañana parecen las cuatro de la tarde en pleno verano-, los diálogos con mi compañero decidiendo con calma mientras desayunábamos cual iba a ser nuestra hoja de ruta. Y todo se resumía en una sensación: si estábamos a gusto nos quedábamos, si no, con el mapa en la mano, emprendíamos rumbo hacia un nuevo destino. Hoy en día le doy mucho más valor a todo el viaje porque de verdad que allí toque con la punta de los dedos la libertad.

Nunca he creído en el karma como una fuerza espiritual como tal. Aunque sí que creo en su principio. Es decir, en la vida siempre hay una relación de causalidad, cada acción que tenga conlleva una reacción. Muchos amigos míos y familiares me consideran muy afortunado por los viajes que he hecho y por poder tener el tiempo de hacerlo, sin embargo, detrás de todo ello hay un gran sacrificio que se ha ido haciendo año a año. En esto último es en lo que quiero incidir, muchas veces se atañe a la suerte que tiene la gente únicamente viendo las parte que queremos ver, sin embargo, muy pocas veces se obvia todo el camino, todos los veranos perdidos sin poder ir a las fiestas del pueblo, las escapadas con los amigos, las barbacoas interminables de verano, el estar lejos de tu familia tanto tiempo. Pero es una decisión de la que no me arrepiento, ya que ahora he aprendido a darle mucho más valor al tiempo que estoy en casa, cada café con mis amigos y, en general, cada momento donde vuelvo a donde lo deje todo.

Hoy es 26 de abril de 2020, el Gobierno ha permitido que todos los niños menores de 14 años puedan salir a la calle. De nuevo parece que el país vuelve a recuperar esa vida que nos han arrebatado y se empieza a ver una luz al final del túnel. Me vienen ahora recuerdos de la infancia, lo felices que podíamos ser únicamente con un balón en los pies, una bicicleta o simplemente estando en compañía de nuestros amigos. ¡Qué rápido se ha marchitado todo eso! Hace poco leí que la mayoría de nosotros no recordamos cual fue la última vez que jugásteis con vuestros amigos de la infancia, ¿vosotros sí? En mí caso, por más memoria que intento hacer, ese recuerdo se ha esfumado.

Como dije anteriormente, ahora es tiempo de reflexionar y de marcarnos nuevos objetivos que nos permitan seguir teniendo una motivación para alcanzar los retos del día a día y de poder salir positivamente de esta (paréntesis) diez relatos desde una cuarentena situación.

Una vez leí que en la vida no debemos tener sueños sino objetivos. Los sueños son aquellas metas que nos proponemos de forma idílica y genérica que no tienen fecha de caducidad y que sabes que estarán ahí. Un objetivo es plasmar y desintegrar los sueños en metas alcanzables, de forma que organizando nuestros recursos logremos aquello que nos proponemos.

Desde hace tiempo decidí listar todos mis viajes en un pequeño cuaderno. Esos viajes son mi objetivo particular. Cada vez que voy cumpliendo con uno lo tacho. Esa satisfacción de ver que vas consiguiendo tus metas es muy reconfortante y es una forma de automotivación. Conseguirlo no es fácil, ya que en mi caso necesito dos recursos principales para ir alcanzándolos, tiempo y dinero. Una vez que tengo ambos solo necesito dar el paso al frente para cumplirlo.

Sin embargo, aunque esos objetivos, son más a largo plazo, tengo otros recogidos en un período máscorto en el tiempo, que han ido surgiendo poco a poco, a medida que pasan los días encerrados. Es una lista de pequeñas cosas que voy a hacer cuando se levante la cuarentena y volvamos a la normalidad.

Las ganas que tengo de volver a comerme una paella con Es Vedrá de fondo, de volver a visitar Madrid y empaparme de su vida, volver a Zaragoza e ir a la calle del Tubo de tapas, visitar a mis padres y a mi hermano, ir a ver a mi abuela y un largo etcétera. Por suerte tengo todos ellos al alcance de mi mano. Por suerte, otra vez esa maldita suerte…

Hoy es día 26 de abril y hay una luz al final del túnel…

9

TRAUTES HEIM, GLÜCK ALLEIN

por Natalia Muñoz

Estos relatos nacen durante una época especial e inolvidable para todos nosotros. Nos ha tocado vivir este evento mundial desde circunstancias diferentes a cada uno de nosotros, en lugares diversos, solos o acompañados, trabajando o en paro.

Cada uno tiene sus propias vivencias, sus propias vidas, lo único aparente común a todos nosotros es el COVID-19, que nos ha encerrado en casa durante un gran periodo de tiempo.

Para mí este virusCOVID-19 se llama:Cuando Oyes la **Voz Interior Diariamente**. Desde hace años escucho mi voz interior, contemplo y observo mi vida diariamente, con plena consciencia. Lo que está sucediendo a nivel mundial es una llamada a nivel particular: Para, observa, enciérrate y mira qué está sucediendo en tu casa, en tu vida. Este virus se ha denominado el virus del miedo, mi hijo de cinco años dice que es el virus del Amor, cuanto más te quieres y te aman menos miedo existe, y por lo tanto, ningún virus puede afectarte, y menos éste que es un miedica.

Muchas veces me he quejado de la falta de tiempo, de lo poco que estoy en casa, de lo mucho que extraño a mis hijos y mi marido porque no hacemos vida en familia por todas nuestras obligaciones….

Pues bien, creo que no solo me sucede a mí si no a muchos de nosotros. Nuestra plegaria ha sido atendida y escuchada…

Veo este suceso tan doloroso para muchos como un regalo, una oportunidad llena de abundancia, una parada necesaria, un reseteo:Más tiempo, más vida familiar, más casa, más yo, más escucharme, más atenderme y ver lo que quiero. Tiempo para reflexionar, tiempo y espacio para ver lo que tengo a mi alrededor, lo que hay en mi casa, lo que quiero mantener, lo que quiero cambiar.

(paréntesis) diez relatos desde una cuarentena

Este tiempo no va a volver, nos pone frente a nosotros mismos, nos pone en el centro de nuestros hogares para darnos la oportunidad de cambiar.

TrautesHeim, Glückallein es el título de mi relato, o lo que es lo mismo 'en casa como en ningún sitio. Tengo treinta y ocho años, casada con el hombre de mi vida, tenemos dos hijos estupendos y un perro, somos una familia plurilingüe - en casa hablamos alemán y español, además nos comunicamos con nuestros demás familiares en francés e inglés-, tenemos la gran suerte de vivir en las afueras de Madrid, a 30 kilómetros, en una casa con jardín, cerca del campo, en el corazón de nuestro pueblo, donde todo está cerca.

Suena idílico, es realidad. Cada uno de nosotros tiene sus obligaciones, nosotros nuestros trabajos, los peques las tareas del cole, el perro que tiene que salir,…

Os voy a contar mi experiencia en tres relatos, todos son realidad, nada inventado. Están ordenados de manera cronológica en el tiempo.Son anécdotas normales, con emociones, reflexiones. Lo único que cambia es el punto de vista, el mío, ni correcto ni erróneo, ni mejor ni peor que el vuestro, simplemente el que es en este momento, con mis circunstancias.

Espero de corazón que esta época que nos ha tocado vivir sea verdaderamente una oportunidad para mirar hacia dentro de cada uno de vuestros corazones y que hagáis los cambios necesarios para ser más felices. Está claro que cuando salgamos de aquí, nada va volver a ser normal, por mucho que se empeñen los de arriba. Construiremos otra realidad, otros sistemas que funcionen mejor que los habidos hasta ahora.

Preparando el CV para el proyecto A. Oriente

Hoy es 20 de febrero, de aquí no me muevo hasta que me atiendan, hasta que vea al responsable correspondiente y me diga qué debo presentar, me digo a mí misma. En fin, habrá que armarse de paciencia y dejar el enfado a un lado si quiero conseguir todo lo que me he propuesto… tengo tiempo, son las nueve y diez de la mañana y hasta que salgan los niños del colegio… tengo 5 horas para solucionarlo.

Vuelvo a mirar los requisitos para abrir mi propio negocio he de elaborar un proyecto, con el presupuesto, el

(paréntesis) diez relatos desde una cuarentena

espacio, las obras, las licencias, un millón de blablabla.

Llevo con este proyecto desde el 01 de enero de 2020, desde entonces he visitado cuatro locales, hablado con mi gestora, haciendo cuentas, el plan de negocio, el estudio de mercado. Ahora me toca pegarle el bocado al Ayuntamiento. Llevo desde diciembre del año pasado pidiendo cita con el responsable de urbanismo y medioambiente para ver qué necesito… pues nada, a día de hoy sigue siendo imposible dar con él.

Bueno, pues ni tan mal, son las once y diez de la mañana, me voy a casa con todo resuelto, con los papeles, las indicaciones, los apuntes que he tomado y con la cabeza llena de términos urbanísticos que no controlo.

¡Manos a la obra!

Lo más importante es el Curriculum Vitae (CV, en adelante) y sinceramente no quiero ni me apetece hacer el CV tradicional que todos presentamos en las candidaturas para un puesto de trabajo. Estoy algo cansada de ocultar mi originalidad y creatividad, que ésta sea rechazada por no ser normal.

(paréntesis) diez relatos desde una cuarentena

Hace tiempo que vi en LinkedIn el CV de Leonardo da Vinci, de cómo llegaba a los diferentes Recursos Humanos de diversas empresas… Me siento tan identificada con él… Así que, sí, voy a mostrarme al mundo tal cual soy… un ser completo, curioso, que sabe de muchas cosas variopintas, pero que todas estas cosas tienen un hilo conductor aunque el resto no lo vea.

Así que allá va….

Mi nombre es Natalia Muñoz Molina, pero prefiero que me llames Áurea, así me conocen los que realmente saben quién soy, tengo treinta y ocho años y la gran fortuna de vivir en un pueblecito a 30 kilómetros de Madrid.

Te preguntarás mientras lees este CV, y ¿quién eres?

No soy mi nombre, sino la suma de muchos altos en el camino, el resultado de muchas experiencias pasadas y vividas. Cada etapa ha añadido un nuevo significado a mi vida enriqueciéndola.

Empecé a caminar al terminar mi carrera de

Filología hebrea en 2004, me adentré en el mundo de la investigación realizando mi tesis doctoral hasta 2014 y recogí toda la sabiduría que desprendían los libros que leía y transcribía, recibiendo una herencia milenaria.

Seguí andando y combiné mi pasión por el hebreo con el turismo sumando una etapa más con el Máster de Dirección y Gestión de Empresas Hoteleras, especializándome en turismo kosher, además de conocer a Sergio, cabecilla de esta aventura literaria.

Pero como no paro de moverme, seguí danzando por la vida y realicé el Diploma de Danzaterapia especializada en danza oriental, en el Instituto Universitario de Danza Alicia Alonso con Patricia Passo que me mostró el camino a Oriente y me animó mirar hacia allí encaminando mis pasos hacia India. Mi manera de danzar es ancestral, sanadora, por eso comparto con todos la magia de la danza, cómo ha transformado y cómo ha dado un nuevo sentido a mis momentos más difíciles.

Mirando a Oriente encontré el Yoga, o más bien, él me descubrió a mí. Hoy soy profesora de Hatha Yoga, Yoga para niños, Yoga Nidra, y dentro de muy poquito...

(paréntesis) diez relatos desde una cuarentena

Yoga Kundalini. Además bailo Bhajans o lo que es lo mismo… plegarias indias en movimiento con posturas de Yoga….

Esto no queda aquí, también me he formado en Neurodanza (la relación profunda entre nuestras emociones y nuestros movimientos) en la Escuela de Inteligencia Cuántica de Neurodanza (ESINC), neurociencia y física cuántica aplicada al movimiento a través de esta disciplina.

El gran hilo conductor de este camino es la manera y la capacidad que tiene el ser humano de expresarse, desde su idioma hasta su lenguaje corporal, cómo desarrolla sus habilidades y cómo las exterioriza.

Esto lo he materializado con mi colaboración en un proyecto de investigación en la Facultad de Turismo de la UCM de desarrollo de *softskills* en estudiantes de Grado y Máster. Trabajando con ellos el sistema de creencias, comunicación, trabajo en equipo, liderazgo.

Bueno, hasta aquí has leído quién soy, además te puedo enumerar mis habilidades y talentos, sí, sí, has leído bien...TALENTOS. Todos nacemos con habilidades, con cosas que sabemos hacer de maravilla y sobresalimos: Tengo talento creativo, capacidad para visualizar diferentes soluciones antes del mismo evento, flexibilidad mental, curiosa por naturaleza, imaginativa y espontánea. Soy original sin perder de vista la cordialidad y el rigor. Tengo una gran dosis de empatía, motivación laboral y de equipo, adaptabilidad. Así que te invito a que en este tiempo de reflexión y confinamiento descubras tus múltiples talentos. ¿Lo harás? Seguro que sí.

Mi proyecto consiste en abrir un espacio llamado A. Oriente. Un punto de luz en el mapa, un lugar concreto en el que volver la mirada hacia uno mismo,un espacio creado para el cuidado del alma, del cuerpo y de la mente.Este espacio luminoso es un punto de encuentro, un alto en el camino, un lugar neutral, libre de juicios, libre de ataduras, libre de angustias para entrar en lo más profundo de tu ser, volver a conectar con tu esencia y mirarte con Amor incondicional.

Hatha Yoga, Yoga para niños, Yoga Nidra, Bahjan (plegarias en movimiento), Neurodanza, Talleres específicos de asanas, respiración, Meditación. Próximamente... Kundalini Yoga!!!!!

(paréntesis) diez relatos desde una cuarentena

¡Madre mía, no me lo creo, lo he hecho! Mi CV y mi presentación breve del proyecto. Ya está en marcha, sólo falta pedir la licencia de apertura y hacer la reforma del baño. Y hoy es 13 de marzo, qué rápidez. Próxima apertura…. 1 de abril. Ya tengo el local, se queda libre el 15 de marzo, así que podré entrar el 16 con el arquitecto que va a hacer el estudio y proyecto de obra y empezar cuanto antes. Sólo falta pedir el préstamo en el banco y ya está.

Feliz Cumpleaños Mamá, viernes 6 de marzo 2020.

—«Hola mami, ¿qué tal, cómo estás? ¡¡¡Feliz Cumpleaños!!! Menos mal que tienes unos días para descansar y celebrarlo en la casa de la playa».

—«Hija, aquí ando al final no me voy de vacaciones. Escúchame bien. Ya sabes que las cosas se están poniendo feas. Acaban de llegar al hospital más kits de protección contra el bicho hace unos minutos, nos han llamado a todos los sanitarios a una reunión. Parece que la cosa es más grave de lo que nos están contando. Nos están informando sobre la marcha porque hay mucha información contradictoria. Los médicos no saben qué más hacer. Ya están casi todas las plantas llenas».

(paréntesis) diez relatos desde una cuarentena

—«Bueno mami, esto ya lo sabíamos, acuérdate de mis alumnos chinos. Ya me habían advertido de esto. Ellos llevan encerrados en casa desde finales de diciembre, me escriben casi a diario de cómo están, me han dicho que si nos envían mascarillas. Estamos a principios de marzo y ya sabes lo que está cayendo en Italia. Y aquí no va a ser mejor. No aprendemos».

—«Pues sí hija, así que cuidaros mucho. Intentad salir lo menos posible de casa. Haced compra y surtiros bien de cosas porque esto va ser horrible».

—«Mami se te oye muy cansada… ¿Realmente cómo estás?»

—«Pues Nata, la verdad es que el hospital empieza a estar desbordado, se necesita a todo el personal disponible. Ayer trabajé diez horas seguidas y estoy hecha polvo. Esto va a ser muy duro, porque no hay recursos para todos. Esto parece un hospital de campaña, ya sabes qué significa eso», me respondió entre lágrimas.

—«Bueno mami, protégete, cuídate y descansa. Cualquier cosa que necesites, dínoslo. Nos vemos este domingo porque creo que va a ser muy probable que no nos permitan salir en mucho tiempo. Los peques tienen ganas de verte y nosotros también. Vamos a avisar también a la Tata. Por lo menos podemos celebrar tu cumpleaños».

Mi madre es sanitaria, auxiliar de enfermería de un hospital al sur de la Comunidad de Madrid. Ha estado trabajando más de doce horas seguidas durante más de diez días sin descanso. Cuando la llemé ni si quiera se percató de su cumpleaños. Cada día han pasado por sus manos muchísimos enfermos asustados, solos, llenos de miedo. Ella, al igual que otros tantos sanitarios, ha estado acompañándolos durante todo el tiempo posible.

A principios de abril tuvo que pedir la baja laboral, estaba agotada emocionalmente y físicamente, tenía una baja de nueve días. Vino del hospital con taquicardia, dolor de todo su cuerpo y su alma, llorando porque había perdido a todos sus pacientes, estaba desbordada.

Descansó cuatro días, nos llamó a mi hermana y a mí para decirnos que no aguantaba estar en casa, impotente por no hacer más por los enfermos y sus compañeros. Renunció a su baja, a día de hoy sigue yendo al hospital. Acompaña a todo paciente que está en sus manos para que no mueran solos, no permite que en ese momento tan trancendental se vean solos y privados de compañía.

Mi madre es una de estas personas ejemplares, valiente como ella sola, dijo que ella no se haría las pruebas porque no había suficientes para los demás, arriesgando su propia vida por los demás. Admiro a mi madre porque no ha consentido que las personas que han estado con ella hayan partido de este mundo solas.

Siendo sincera conmigo misma: el orgullo de ser su hija me llena, por otro el miedo de perderla se apodera de mí y me hace ser egoísta, como si esa niña pequeña dijera… Mamá no te vayas, tengo miedo. Pero el Amor hacia ella es mucho más fuerte. Respeto su decisión, admiro su dedicación y he de aceptar que el Amor es eso. Es ser capaz de dejar a mi madre a su suerte, porque sé que su proceso interior de crecimiento tiene su propia dinámica y su propio ritmo. Por tanto puedo decir que mi madre va con todo el Amor del mundo. Los pacientes que pasan por sus manos son realmente afortunados por tener a su lado a este ser tan especial.

(paréntesis) diez relatos desde una cuarentena

Papel higiénico y el aplauso de las 8 de la tarde

No puedo con la hipocresía de la gente, se jactan que hay que aplaudir y luego no dejan títere con cabeza en el supermercado arramplando con el papel higíenico y todo lo que se pone a su alcance. En todos estos días de confinamiento he ido sólo dos veces a Mercadona a comprar lo justo y necesario, lo que realmente voy a utilizar. Además he hecho compra para dos familias, la mía y la de mi vecina: está sola con sus hijos y no tiene coche.

Cuando salgo a comprar, tirar la basura o a pasear al perro lo hago sin mascarilla, sí, sin mascarilla y sin guantes, ¿por qué? Porque muchos de los que salen a aplaudir han arramplado y desabastecido a los demás, ¿para qué querrán trescientas mascarillas y pares de guantes a parte de los cien mil rollos de papel higiénico? Aún sigo esperando respuesta… quizá algún día llegue la iluminación y encuentre la razón.

Mis alumnos de China han ofrecido mandarme mascarillas, ¡hasta batas para salir a la calle! Se sorprenden de lo egoístas que son los demás, del no cuidado hacia el

(paréntesis) diez relatos desde una cuarentena

otro.

En otra situación me hubiera cabreado, les hubiera increpado en mitad del aplauso, pero ahora hecomprendido que cada uno vive esta situación como puede, con las herramientas emocionales disponibles. Estos que salen a aplaudir han criticado muy duramente a los hoteles, diciendo que se hacen publicidad al dar sus camas. Yo valoro este gesto tan humano, hacían falta camas, y los hoteleros las han puesto al servicio de los enfermos y sanitarios. Han respondido con una rapidez asombrosa. Al igual que todas las personas, empresas y demás que se han puesto a fabricar mascarillas de la noche a la mañana, a todos los que han cocinado para los demás, a los que hemos dado clase sin cobrar, para que todos tengan algo que hacer, dedicarse un tiempo y cuidar su cuerpo y mente.

Me siento afortunada, sigo dando mis clases de yoga *online*, he tenido que romper la resistencia a los ordenadores. Tengo mi tiempo diario para meditar, para atenderme a mí misma y mi familia.

Además, recibo una formación estupenda de Yoga

Kundalini, no he parado ni un momento con mi actividad diaria. Seguimos haciendo tareas del cole, usando todos los recursos que tenemos, y cuando faltan cosas para los proyectos de ciencias de los peques tiramos de imaginación y creatividad. Sigo con mis planes de futuro, ultimando detalles de la apertura de A. Oriente.

Lo que he roto sin remedio son las redes sociales, he salido de Facebook, Instagram y LinkedIn… sólo veía y leía alimento basura, todo penalidades acerca del COVID-19. ¿Pero qué le pasa a este mundo, sólo ven el lado oscuro de la fuerza? ¿No se puede mirar por encima de esto y ver que hay remedio a todo, que hay muchas más cosas a parte del Coronavirus? Así que es posible que a la única que vuelva sea LinkedIn…

Hay mucho que limpiar, no sólo el culo con tanto papel higiénico, hay que limpiar conciencia, maneras de ser y actuar.

Para pasar el confinamiento he creado un grupo de WhatsApp de meditación, he llamado a todas esas personas que hacía miles de años que no tenía noticias, he escrito mucho, he hecho mucho Yoga, planeando cómo quiero que sea mi día a día tras el confinamiento, y realmente no dista mucho de mi día a día actual.

También he reflexionado mucho acerca de los sistemas económico, social, sanitario que tenemos en España, al sistema político… ni me acerco. He puesto patas arriba mis creencias, mis valores, el sistema. La salida es cambiar todo, hacerlo de nuevo. Hemos comprobado que estos sistemas están obsoletos, que no miran por el bien común sino por el de unos pocos. Hay que crear conciencia colectiva e ir todos como uno y no como pollos sin cabeza.

Me fascina lo que he descubierto de esta humanidad en esta época tan loca. Ponerse al servicio de los demás, desapegándote del resultado, sin una intención que no sea el servicio.He visto más revuelo y miedo fuera, es normal. Esta situación ha sacado todo lo mejor y peor de cada uno, estar encerrado en casa es un ejercicio duro de mirar hacia dentro, lo que muchos no están acostumbrados a hacer, a enfrentarse con su realidad, a su matrimonio, a su soledad, a su familia, a su estilo de vida, a su trabajo.

Aunque tengo perro, no lo he paseado más de lo normal, más bien al contrario, ¿quién tiene ganas de salir

(paréntesis) diez relatos desde una cuarentena

ahí fuera y exponerse a un virus?

Los peques han sido grandes maestros, no se han quejado ni un solo momento, a pesar de no poder salir han disfrutado de estar en casa, en familia, comer todos juntos, jugar sin parar, hacer sus tareas, cada uno a su ritmo. Ha habido tiempo para todo sin salir de casa.

¿Cuáles son los problemas de la cuarentena?

Lo que yo pienso y siento realmente es que no hay problema alguno, lo que realmente hay son soluciones a algo que ha ocurrido, es una gran oportunidad de cambiar, de plantar nuevas cosas, de poner encima de la mesa lo que no nos gusta y arreglarlo. Pero creo que la gente tiene otro concepto con la palabra problema.

Quizá el gran "problema" es el miedo, la inseguridad, la negatividad que se ha puesto de manifiesto en el panorama político, nos han propuesto en estos momentos de desafío sentir miedo, pequeños e inseguros para mantenernos calladitos. Pero claro, esto es personal y por tanto puede carecer de objetividad. Y como dije al principio de este relato, mi hijo definió la situación como: el virus del miedo.

(paréntesis) diez relatos desde una cuarentena

¿Qué espero en un futuro?

Que sigamos siendo nosotros mismos, que sigamos aplaudiendo a los demás cada día, no con aplausos sino con un ¡gracias! por lo que haces por mí, valorando las tiendas que han permanecido abiertas para alimentarnos. Que nos apoyemos entre todos y que no olvidemos que todos necesitamos de todos.

No puedo hacer un diagnóstico, pero creo que tenemos que trabajar mucho para crear otra realidad nueva, donde todos tengamos cabida. El COVID-19 es continuo, es algo pequeño, aparentemente invisible pero que ha tumbado a todo un mundo.Un nuevo sistema educativo, un nuevo orden económico, social es necesario. Todo ha cambiado, yo no quiero volver a lo viejo, a lo que me apartaba de la vida.

Por tanto, observa, oye, ve, vive, lo que tu interior diariamente.

Mi vida cambió drásticamente antes de este virus, allá por el 2012, me di cuenta que vivía sin coherencia. En esta cuarentena no ha habido grandes cambios en mi manera de actuar, ni de ser, ni de funcionar. Sigo siendo yo. Por tanto, abriré mi propia escuela de Yoga, terminaré información, materialicé todas las ideas que tengo en mente, seguiré dando mis clases de yoga a los peques y mayores, acompañando a todo aquel. Y cómo no… seguiré al servicio de los demás.

Con Amor, Áurea.

10

UN,DOS,TRES…,¡CUARENTENA!

por Concha Sánchez

Como a la gran mayoría de gente de mi quinta -expresión que aún utilizamos los de aquella generación-, me pusieron el nombre de mi madre, algo que solía hacerse con el primogénito por ilusión, o con el último hijo por indecisión.

—«¡Se llamará como su madre, y punto!», dijo la

abuela.

Me llamo Concha y tengo treinta y siete años o, como dicen los jóvenes que quieren ser mayores, «treinta y siete para treinta y ocho», coletilla que dejaran de utilizar seguro cuando lleguen a los treinta.

Dentro de unos días será mi cumpleaños (aunque aún tengo treinta y siete), y la verdad es que lo mismo me da pasarlo dentro que fuera; pero quién sabe, quizás de aquí a cuarenta años haga bromas sobre el tema con las vecinas, o se escuche algún comentario de puro aburrimiento, como quien recuerda en voz alta algún hito histórico de mayor o menor importancia…

—«¡Antonia!, ¿sabes que hace cuarenta años tal día como hoy celebraba mi cumpleaños en cuarentena? ¡Qué tiempos aquellos!». Mientras tanto, otra señora pasa por la acera seguida de un robot que carga con la compra:

—«¡Buenos días!»

—«¡Buenos días!», contestan desde esta acera.

—«Ya no se hacen las cosas como antes», susurra indignada una tercera vecina desde su ventana.

Y es que hay cosas que nunca cambian.

Nací en un pequeño pueblo de Extremadura, en el año 1982 de nuestro señor, o el año de Naranjito, personaje al que pocos recordarán, y muchos otros ni conocerán. Era una simpática naranja que hizo nuestras delicias hasta que España perdió el mundial y tuvo que ver cómo se lo llevaba Italia contra Alemania.

(paréntesis) diez relatos desde una cuarentena

Me gustaría decir :«aquellos maravillosos años», que para mí lo fueron, pero quizás nadie recuerde que por aquel entonces sucedían acontecimientos tales como: el juicio por el golpe de estado del '81, varias personalidades del mundo empresarial y político sufrían atentados terroristas, la guerra de las Malvinas transcurría de forma fatídica para los argentinos, decenas de bombas atómicas (mayores que la de Hiroshima) eran detonadas en secreto en Estados Unidos, y cientos de personas eran torturadas y masacradas en aldeas y lugares que hoy ni siquiera recordaríamos haber escuchado.

Con todo ello me dirijo a los que opinan que «el mundo está cada vez peor» ... Hace ya demasiado que el mundo está hecho una mierda.

Casi una década ha pasado ya desde que llegué a este lugar. Vivo en La Cerdanya, un precioso valle en la frontera con Francia situado en el Pirineo catalán. Es como vivir en la comarca de Hobbiton con Bilbo Bolsón como vecino, como si las criaturas y monstruos de Mordor fueran tan solo leyendas que se cuentan en las noches de verano junto a la hoguera.

(paréntesis) diez relatos desde una cuarentena

Podría decir que llegué con una mano delante y otra detrás, sin oficio y con pocos beneficios. Pero no, llegué con mucha ilusión en las manos y un pequeño Citroën Saxo (de esos que ya no se hacen) que cruzó el país de punta a punta como un auténtico campeón.

He vendido perritos calientes, servido cafés y aprendido el duro oficio de atender a la gente desde una ventanilla (bendito doble vidrio). Hoy en día me dedico a hacer reservas para gente que sube a esquiar (uno de esos trabajos que cuando ves a alguien haciéndolo no acabas de entender bien en qué consiste). «¡Qué lejos he llegado…!», pensaba yo recordándome a mí misma haciendo mi primer perrito caliente.

Y ahora me pregunto cuántos de nosotros podremos conservar el trabajo al que hemos dedicado tanto tiempo, esfuerzo e ilusión, o que simplemente nos da de comer. Ese trozo de tierra plantado con sudor y que, de un día para otro, desaparece a golpe de granizo. Como una guantada en la cara a primera hora de la mañana, vaya.

¡Quién nos iba a decir que todo un ejército de orcos llegaría en forma de virus para cambiar nuestras vidas de

(paréntesis) diez relatos desde una cuarentena

esta manera!

Y de repente, el mundo al revés.

La primera vez que oí hablar del virus, ni siquiera sabían cómo llamarlo. Estaba demasiado lejos como para preocuparnos, como esas aldeas masacradas que no sabemos si quiera que existen.

Tan sólo bromeábamos haciendo algún comentario con el café de la mañana, y después, vuelta al trabajo.

—«¡¿Te puedes creer que va a subir el precio del tabaco!?. Bueno, pero al menos las compresas y Támpax serán más baratos... ¡Lo que tienes que hacer es empezar a usar la copa, que es mucho más saludable y no contamina!.¡Como no empecemos a cuidar el planeta un día de estos va a petar!».

Recuerdo que, entre bromas y cafés mañaneros, yo no podía dejar de hacerme la misma pregunta una y otra vez... ¿pero por qué demonios no cierran los aeropuertos?

Igualmente, en aquel momento nuestra preocupación más inmediata era otra.

—«Como no caiga algo de nieve lo tenemos jodido, a este ritmo no llegamos a Semana Santa», pensaba yo.

De repente alguien pasaba por nuestro lado estornudando y entre risas y reacciones exageradas, unos nos tapábamos la boca y otros empezábamos a barajar la posibilidad de encontrarnos de cara con el ejército de orcos. —«¡Hala hija tápate la boca al menos!, mira que si lo ha pillado ésta, mañana lo tenemos todos. ¿Te imaginas que tuvieran que cerrar las oficinas porque estamos todos infectados?»

—«¡Ja, ja!, anda ya, esas cosas sólo pasan en China hombre».

A los pocos días se detectaba el primer caso de COVID-19 en las islas Canarias, un alemán que estaba pasando sus vacaciones.

Y la misma pregunta volvía de nuevo a mi cabeza, ¿por qué narices siguen abiertos los aeropuertos?

A principios de marzo ya era una realidad, el virus se estaba expandiendo por todo el planeta y los primeros toques de alarma salían a la luz. Empezábamos a escuchar

(paréntesis) diez relatos desde una cuarentena

consejos y advertencias, pero aún no lo tomábamos en serio.

Recuerdo que en aquel momento pensé, ¡vaya panda de narcisistas que estamos hechos!, nos hemos quedado embobalicados a la orilla del río, comiéndonos nuestra tortilla de patata que no hay otra igual en todo el mundo; nos hemos quedado ensimismados mirando tan solo nuestro propio reflejo, nuestra única realidad, nosotros mismos. Todo lo demás nos queda muy lejos.

Cuando somos pequeños la llamamos bendita inocencia, ahora que somos adultos es estúpida incredulidad la de creer que aquí nunca llegará nada malo porque vivimos en el mejor lugar del mundo…

Al fin y al cabo, somos europeos ¿no?, ¿qué podría pasarnos?, vivimos en Europa.

—«¡Somos tan puñeteramente egoístas!» pensé. Somos incapaces de mirar hacia otro lado que no sea el nuestro, tan solo lo hacemos cuando sentimos que algo nos salpica. Y, aun así, no decidimos hacer nada al respecto hasta que nos afecta directamente.

Dos días después, por la tarde cuando quedaba poco para acabar la jornada laboral, seguía escuchando bromas que ya empezaban a resultar cansinas y cada vez menos graciosas. De repente estornudé, y sentí como todas las miradas se posaban en mi nuca.

—«No os preocupéis, no es nada infeccioso, vulgaris pirenaica», decía yo con la cabeza aún metida entre el sobaco y el antebrazo.

Por aquel entonces ya llevaba al menos una semana siguiendo las recomendaciones de este nuestro Gobierno, al que normalmente no suelo escuchar.

Al día siguiente me levante con 40 de fiebre, pero no le di más importancia de la que hubiera podido tener hace cuatro meses.

—«Los cambios de estación son los más delicados, es cuando se cogen los peores constipados», dijo la señora de la limpieza tirando de refranero mientras limpiaba el polvo de una estantería el día anterior.

Estuve dos días en cama, al tercero volví al trabajo y aunque aún no estaba recuperada del todo no le di más

(paréntesis) diez relatos desde una cuarentena

importancia.

—«Total, estoy en la comarca, no puede ser el Coronavirus -el otro nombre por el que ya era también conocido el virus, que hacía meses aun no tenía nombre-, será una alergia, como ya hemos visto en los últimos años que te puede salir de un día para el otro…pues eso» me decía a mí misma.

—«¡Ay, Narcisa!»

La semana siguiente estaba en casa, regando una planta a punto de morir, cuando recibí un WhatsApp de mi jefa: "Concha, mañana también tienes libre". Como no es costumbre pues me alegré mucho ante la posibilidad de otro día para descansar o hacer esas cosas que nunca tengo tiempo para hacer. Ahora ese recuerdo se me antoja irrisorio.

Era jueves,12 de marzo, aún faltaban cuarenta y ocho horas para escuchar por el noticiario el primer comunicado oficial del Gobierno anunciando la cuarentena, mientras yo tranquilamente estaba planeando las primeras vacaciones de mi vida que pueda recordar - los veraneos en un camping de Huelva cuando era pequeña no cuentan, aunque fueron los mejores sin duda de aquellos maravillosos años-, calculando a la cuenta de la vieja el tiempo que podré pasar con la familia en el pueblo, del dinero que me quedará cuando haya pagado el alquiler, o del que podría disponer si finalmente Marc y yo decidiéramos irnos con la furgoneta a pasar el verano a cualquier lugar lejos de aquí.

Recuerdo que vagabundeaba por mi cabeza imaginando nuevos proyectos, que nunca llegan a mi zona de confort, cuando alguien comentó por el grupo de trabajo que la cosa pintaba chunga, que igual cerraban la estación y que no sabían si volvería a abrir antes de acabar la temporada. Pero yo estaba calentita en casa, en mi comarca del alma, disfrutando de mi jugosa tortilla de patatas.

No fue hasta el domingo que me di de bruces con la realidad, cuando me comunicaron que la estación quedaba cerrada definitivamente.

—«Se os irá informando para entregar uniformes y cuadrar cajas», dijeron.

Y de repente, el suelo bajo mis pies pareció

quebrarse, mi zona de confort era más confortable que nunca, y sin embargo algo se me escapaba de las manos,… Era la tortilla de patata que se me había caído al río. Toda la inestable estabilidad que rodea mi mundo quedó suspendida en el aire; como cuando un concursante contesta la pregunta de cien mil euros y el silencio se apodera del plató esperando la primera reacción. Entre el público se mezclan caras de sorpresa y de incredulidad al no conocer la respuesta, y el pobre concursante espera con cara de gilipollas frente al presentador esperando que éste le de buenas noticias, o el último comodín.

—«Ojalá sirviera de algo tener ahora el comodín de la llamada», pensé yo.

He de confesar que aquella primera semana la gocé como un niño chico cuando le dicen que no hay cole porque la nieve llega a la ventana y no se puede salir. Sabía la que se nos venía encima, o algo podía intuir, pero preferí ignorarlo, "ya lo pensaré mañana…", que decía Escarlata O'hara. Así que seguí con mi día a día como si de unas vacaciones cortas se tratara, ordenando la casa y aprovechando para descansar, como media España supongo.

(paréntesis) diez relatos desde una cuarentena

—«Seguro que en un par de semanas volvemos al curro», pensaba mientras disfrutaba en silencio del primer café mañanero por quinto día consecutivo. Tengo la suerte de vivir en un lugar al que la gente solo sube en invierno a esquiar, o bien en verano a disfrutar de casa de revista. El resto del año, cuatro gatos que suele decirse, tan sólo pájaros y cencerros de ganado rompen el silencio de la montaña. Aunque he de decir que en estos días he apreciado un repentino aumento de segundas residencias ocupadas.

—«¡Por favor, que no suban los vecinos de arriba! ¡Por favor, por favor! "

Calada de cigarro, sorbo de café, escucho al pajarillo que pasa, un momento de reflexión y…

—«¿Pero,… por qué coño siguen abiertos los aeropuertos?», reflexionaba mientras daba otro sorbo de café, otra calada al cigarrillo -afortunadamente es de los que se apagan-, pasa otro pajarillo cantando otra canción.

—«Deberían cerrar las fronteras también», pienso mientras tomo el tercer sorbo del primer café del décimo día consecutivo.

(paréntesis) diez relatos desde una cuarentena

Días después por fin se cerraron las fronteras. Aunque para entonces, el orco ya estaba sentado a nuestra mesa comiéndose nuestra genuina y maravillosa tortilla de patatas.

—«¡Joder!». Ahora parece real, aunque surrealista.

—«¡Ostia! ¿Qué vamos a hacer?, ¿qué va a pasar?», no me había parado a pensarlo y de repente…

—«Pero a ver señorita, ¿me está diciendo que no les queda ni un solo paquete de harina del tipo que sea?»

Empieza la cuarta semana de confinamiento y yo sigo disfrutando de ese maravilloso café matutino, que ya no me parece ni tan tranquilo ni silencioso. A pesar de que las multas que se escuchan te hacen temblar las pantorrillas, cada vez parece haber más movimiento.

La psicosis y el temor por quedarse sin papel higiénico se ha apoderado del pueblo español -y es que, en verdad, como dice mi madre que es muy así ella: «Pero bueno, ¿la gente no se lava el culo o qué?»-, lo que da lugar a un posterior tsunami de infinito repertorio de memes que invade las redes y da rienda suelta a la imaginación de

(paréntesis) diez relatos desde una cuarentena

todo un país que, de repente parece estar más unido. Aunque ese tema lo dejo para más tarde.

—«¡Cortémosle la cabeza al pollo!» Se siente entre la multitud silenciosa.

—«¡La culpa la tienen los elfos por quedarse siempre al margen! ».

—«¡No! La tienen los enanos por seguir sacando oro de la mina mientras el dragón está atacando al pueblo».

—«¡Pero, qué decís!, la culpa es de los hobbits, por zánganos».

—«¡No!, es de los medianos por no estar unidos, ¡por no luchar para darle el poder a alguien que realmente busque el bienestar de todos anteponiéndose al suyo propio!»

—«¡Bien dicho! ¡Un verdadero rey!» Clama el pueblo lleno de júbilo. Pero eso sólo pasa en las películas de aventura que acaban bien. Nosotros...pues eso, tenemos el Gobierno que tenemos. Vivimos en el mundo que vivimos, incapaz de mirar por un bien ajeno si

(paréntesis) diez relatos desde una cuarentena

conlleva perder algo. Incapaz de apartar la vista de su reflejo en el río e hincando un bocado tras otro a la tortilla que parece no acabarse nunca…

—«Mientras haya huevos y patatas todo va bien», pensará Narciso. Tras varias semanas de confinamiento mi cabeza ya iba sola y ajena a toda voluntad. Todo eran fábulas futuristas e hipótesis imposibles dignas de los más reputados directores de cine estadounidense…

—«¿Será un complot por parte de China? ¿De dónde narices ha salido este virus?, seguro que de un laboratorio. ¿Es posible que el planeta tierra en su infinita sabiduría esté haciendo un poco de purga? ¿Tendrá razón aquel científico que afirma estar todo relacionado con el incremento desmedido de satélites y nuevas tecnologías que ni entendemos? ¡Qué alguien llame a Iker por favor!»

Todas esas tareas que tanta ilusión me hacían se estaban convirtiendo en obligaciones para poder pasar el tiempo -que por otra parte parecía no pasar-, ¡será por tiempo, ya lo hare mañana, total! Y sin más, mis esperanzas en la humanidad habían desaparecido junto con la harina, el papel higiénico y el alcohol.

La situación se estaba tornando incierta y las consecuencias del virus comenzaban a hacerse palpables en los hospitales y residencias de todo el país. Los médicos estaban desbordados, las ayudas no llegaban y estampas dignas de película se vivían en los pasillos abarrotados de campamentos improvisados que hacían las veces de hospital.

—«¡Cortémosle la cabeza!», gritaba parte del pueblo. El resto se dedicaba a compartir videos musicales y de todo tipo con el resto de la gente, intentando hacer más amena la situación, y creando sin saberlo un nuevo símbolo nacional: el papel higiénico.

Mientras tanto, la cara más cruda del virus se llevaba a nuestros abuelos, sin tan siquiera la posibilidad de una despedida.

Los cien mil memes, al igual que las primeras bromas, ya no hacían tanta gracia (al menos a mí), y habían sido reemplazados por una ola de aplausos llenos de agradecimiento que cada día y de forma casi religiosa se repetían a las ocho de la tarde (siete menos cuarto para los más ansiosos). Pelos como escarpias así fue la primera vez que lo escuché, por la tele, por lo visto los de las segundas residencias están muy ocupados con la barbacoa. Y de repente, un halo de solidaridad pareció invadirnos, un hilo de esperanza en la humanidad, un rayo de luz en la oscuridad…Y cientos de bellas historias y anécdotas ocupaban a todas horas cada canal de televisión. La policía que patrulla las solitarias calles entonaba canciones infantiles a los más pequeños, vecinos que felicitan a la anciana del segundo que vive sola haciéndole llegar un pastel por medio de una cuerda improvisada, cientos de amas de casa y profesionales que tirando de máquina de coser abastecen de mascarillas cuanto menos a los más allegados. Gente que pasea perros de peluche o superhéroes disfrazados que vuelven de tirar la basura con un rollo de papel en la mano simulando haber conseguido tan codiciado tesoro, ganándose los aplausos entre risas de vecinos que echan el ultimo cigarrillo en el balcón porque en casa no se puede fumar. Las ha habido de todos los colores y para todos los gustos. Bendito sentido del humor. Y así, poco a poco, con cada granito de arena, de repente, el pueblo mediano parece unirse

—«Todos a una para ganar la batalla contra los

(paréntesis) diez relatos desde una cuarentena

orcos».

—«¡Que le den al rey y a la corte!», grita ahora el pueblo unido. Ya ajustaremos cuentas con él cuando todo esto haya pasado, y así además tendremos algo de qué hablar. ¡Qué sería de este país sin cotilleos y sus nobles mensajeras!

—«¡Antonia! ¿Te has enterado, que por lo visto el rey tenía un montón de dinero escondido en uno de esos paraísos bancarios?»

—«¡Se dice fiscales, cateta!», dice otra vecina desde lo alto.

—«Pero ¿el de los elefantes o el otro?»

—«Bueno pues eso, y que por lo visto el rey no sabía nada de todo eso y ha renegado de él, y le ha quitado todos sus derechos y todo».

—«Y lo que no sabremos, Manoli».

La señora que pasa por delante cargando la compra: —«¡Buenos díashermanas de Dios!»

—«Buenos días!», contestan las tres al unísono.

(paréntesis) diez relatos desde una cuarentena

—«¡Y el marido en casa!, ya no se hacen las cosas como antes». Refunfuña la de arriba desde su ventana.

—«Mi Manolo siempre me traía las cosas que pesaban más, pobre mío en paz descanse».

—«Oye, ¿y qué habrá sido de todo ese dinero, el del rey? Lo que tendrían que hacer es repartirlo entre el pueblo, que buena falta hace», dice la más optimista del grupo.

—«¡Bueno, al menos ya no tenemos que llevar mascarilla!», suelta la Manoli con un suspiro dando por zanjado el tema de conversación.

—«¡Sí!, es posible».

La gente ha reaccionado. Hemos apartado la vista del río y por fin, compartimos la dichosa tortilla de patatas. Imaginad lo que podríamos conseguir si además de levantar la mirada, decidiéramos apartarnos del río para ir un poco más allá de la orilla.

Ahora toca hacer un cambio de chip. Eso, o… ¡a tomar por culo con todo! Sin querer, le hemos dado un respiro al planeta y a nosotros mismos. Así lo veo yo. ¡Por el amor de Dios, pero si hasta se han visto medusas en los canales de Venecia! ¿Alguien imaginaba en serio que podía haber vida acuática bajo esas aguas? Y los locales de la zona flipando junto a todos nosotros.

Este planeta es maravilloso y, por extensión, todo lo que hay en él. Supongo que da igual el motivo o los errores que nos han traído hasta aquí, la suma de muchas circunstancias y malas decisiones seguramente.

Es el momento de pararse, de callar y escuchar enlugar de gritar. Para eso ya están los programas de Telecinco. Está claro que el instinto de supervivencia no es exclusivo del pequeño Rey León. Ya hemos demostrado que, si es necesario, unidos podemos -sin segundas entiéndase-. Ahora la cuestión es si queremos…, yo quiero.

Como soy una clásica de la vida tiraré de refranero para expresar mi último pensamiento, con la esperanza de que todo esto pase de la mejor manera… Poco a poco se anda lejos.

EPÍLOGO

Cuantas vivencias, sensaciones y sentimientos nuevos hemos podido experimentar en estos últimos meses, algunos son de agrado, otros…, no lo son tanto. O al menos lo que esperamos haber conseguido con estos relatos que aquí os hemos presentado, es el hecho de intentar empatizar con las personas que nos hayan leído y mostrar, de este modo, que el ser humano es ante todo un animal social. Algunos se habrán identificado con un relato específico o con esa persona que lo cuenta, ya que tendrán puntos en común o simplemente tan sólo, una experiencia igual a éste.

Se han intentado recoger diversos perfiles, sabiendo que existen infinidad de otros diferentes a éstos, pero lo importante no era hacer un libro de un billón de relatos y miles de escritos con diferentes circunstancias por la profesión de la persona; creemos que el objetivo era mucho más profundo y a la vez simple, el de sentirse como una colmena de abejas, donde todas van hacia una misma dirección y sentido, todos somos exactamente iguales, el ser humano, las personas, demuestran ante una crisis tan grande las mismas preocupaciones y pasiones que cualquier igual a él, quizás enfocado hacia un camino más específico unos de otros, de ahí nuestra maravillosa diversidad, pero con pasiones y preocupaciones iguales a fin de cuentas.

Millones de personas piensan que somos un virus y la escoria del planeta, que sobramos, otros en cambio pensamos y creemos, que existen personas que realmente son extraordinarias y que sólo intentan alcanzar el sentido de la vida, sin dañar su entorno, o al menos lo menos posible; creo que para todos es la misma meta, el ser feliz mientras estemos pisando la Tierra o como bien diría mi admirado Carl Sagan, este bello y diminuto punto azul en el universo, así lo creo yo.

Todos estamos pasando por un mal momento que nos obliga a seguir y tener ánimo para continuar adelante, de luchar por aquello a lo que aspiramos, de reinventarnos y la difícil tarea de no darnos por vencido, pues el que no es ambicioso en el buen sentido de la palabra, se queda estancado y no evoluciona como persona completa, el estar

(paréntesis) diez relatos desde una cuarentena

bien, satisfecho y feliz con uno mismo. Esto último es lo que importa.

Nos hemos puesto de acuerdo para intentar con nuestros relatos, mostraros cómo somos y cómo nos sentimos ahora mismo, sentirnos parte de vosotros e intentar que vosotros forméis parte de nosotros, no olvidemos que todos, absolutamente todos somos iguales y vamos en el mismo barco, el hecho de ayudar a otros sin inmiscuirse en las vidas ajenas sin permiso, es realmente muy satisfactorio.

El mundo entero se ha dado cuenta en este confinamiento de lo que realmente es importante en la vida, los amigos, tomar un café tranquilo y pensar en nosotros y en todos y cada uno de esta gran familia como conjunto mientras lo hacemos, despreciando en este momento lo puramente material y apreciando muchísimo la relación humana con el prójimo e incluso con su entorno, el respirar aire, notar el viento en nuestra piel, la sensación de calor del sol en la cara, de oler las flores, de pasear y jugar con tu mascota, de besarnos y abrazarnos, de una buena conversación cara a cara y ante todo, estoy seguro de ello…, es que lo que realmente más añoramos en la actualidad y espero jamás lo olvidemos, es la libertad, ese apreciado bien que cuando lo tenemos no reparamos en él, de los afortunados que somos por tenerlo, pues cómo dijo muy acertado don Quijote, que aunque lo tildaban del más loco era sin duda el más cuerdo de todos, y lo plasmó rotundo—La libertad, Sancho, es uno de los más preciosos dones que a los hombres dieron los cielos; con ella no pueden igualarse los tesoros que encierra la tierra ni el mar encubre; por la libertad, así como por la honra, se puede y debe aventurar la vida, y, por el contrario, el cautiverio es el mayor mal que puede venir a los hombres.

Este tiempo como habéis podido leer en estos relatos, y estoy convencido que también ha sido así en vosotros mismos, nos ha hecho ser creativos, personas pensadoras y conscientes de que algo hay que hacer para seguir con nuestra vida, encauzarla y sacarle provecho a este maravilloso regalo de la naturaleza, intentar ser mejores. Nos ha ayudado a tomar decisiones y llevarlas a buen puerto, cosas que antes nos costaba algo más realizarlas, incluso, decisiones que para algunos no son tan relativas y para otros en cambio son tan importantes, ser conscientes de lo valioso y significativo, como es el hecho de la gran tarea y decisión de adoptar una mascota, la importancia de seguir pintando y escribiendo y luchar por lo que amamos, la decisión de encontrar esa sociabilización en las nuevas oportunidades que nos brinda internet y sus redes sociales sin olvidar el cara a cara añorado, pensar en mejorar nuestros proyectos, en los que estábamos metidos y en los venideros, en seguir estudiando, en ser mamá, en no dejar de viajar nunca, de vivir el presente, de la importancia de la diversificación, de que llorar ayuda, ayuda reír y ayudan las palabras, de que los encuentros y la seguridad es algo exquisito, de la importancia de los seresqueridos como una buena cimentación de nosotros mismos, del jamás ser egoísta e hipócrita, del ser servicial con los demás y la importancia del trabajo, del esfuerzo y de la ilusión, y sobre todo, lo transcendental y grandiosa que es la libertad… porque estoy convencido que todos saldremos adelante, ánimo.

(paréntesis) diez relatos desde una cuarentena

194